春秋五霸故事

之 轮流坐庄

李山讲

李 山/著

浙江教育出版社·杭州

图书在版编目（CIP）数据

李山讲春秋五霸故事之轮流坐庄 / 李山著 . -- 杭州：
浙江教育出版社，2019.7（2021.1 重印）
　　ISBN 978-7-5536-8480-2

Ⅰ . ①李… Ⅱ . ①李… Ⅲ . ①中国历史－春秋时代－
青少年读物 Ⅳ . ① K225.09

中国版本图书馆 CIP 数据核字（2019）第 014992 号

李山讲春秋五霸故事之轮流坐庄
LISHAN JIANG CHUNQIU WUBA GUSHI ZHI LUNLIU ZUOZHUANG

李山　著

总 策 划	北京大地万策文化发展有限公司

项目统筹	何黎峰　盖 克	**美术编辑**	曾国兴
责任编辑	吴 昊	**封面设计**	王议田
责任校对	池 清	**责任印务**	沈久凌

出版发行　浙江教育出版社
　　　　　　（杭州市天目山路 40 号　邮编：310013）
印　　刷　三河市南阳印刷有限公司
开　　本　710mm×960mm　1/16
印　　张　10
字　　数　98 500
版　　次　2019 年 7 月第 1 版
印　　次　2021 年 1 月第 2 次印刷
标准书号　ISBN 978-7-5536-8480-2
定　　价　35.00 元
联系电话　0571-85170300-80928
网　　址　www.zjeph.com

目录

CONTENTS

假道伐虢

——缺失诚信反取胜

  鲁僖公五年（公元前655），晋国向虞国借道攻打虢（guó）国，其目的是要趁虞国的不备而一举两得，即先吃掉虢国，再消灭虞国。具有远见卓识的虞国大夫宫之奇，早就看清了晋国的野心。他力谏虞公，有力地驳斥了虞公对宗族关系和神权的迷信，指出存亡在人不在神，应该实行德政，民不和则神不享。可是虞公不听，最终落得了被活捉的可悲下场。

晋献公分化瓦解

  乔山绚丽，滏（fǔ）河湍急。田野里的谷穗子足有一尺多高，黍穗硕大金黄，到处洋溢着丰收的景象。这是公元前658年的秋季，古晋都绛翼（现在的山西省临汾市曲沃县曲村、北赵村和三张村一带）的天空蔚蓝如洗，一群白色的大雁翱翔天际，一

假道伐虢

1

会儿排成"人"字，一会儿排成"一"字，仿佛明快的进行曲。

大殿内，晋献公身着衮服，坐北面南，神情庄重地说道："当年，寡人祖先伐晋时，虢君经常帮助晋军。现在又收留了一些原晋国的逃亡公子，分明是与我们作对。虢国不灭，对我们迟早是个祸害。"说到这里，他故意拉长了音调："众卿意下如何？"

"君上说得极是。"里克接过话题深有感触地说，"虢国不灭，对我们始终是个隐患。且不说那些逃亡公子常怀颠覆我晋国之心，只要稍微地看一看天下大势就明白了。"

"你是说虢国战略位置的重要性吧？"经常带兵打仗的韩万总是对地形地势很感兴趣。里克会心地点点头说："是的。虢、虞两国都是小国，却夹在晋、秦两个大国之间，况且虢国拥有非常险峻的山川，秦国据之就可以灭虞攻晋，我国据之则不但西能防秦，而且向南向东也可再度发展……"

"秦国人岂有不知乎？"赵夙反问道。献公急切地接过话茬说："非也。秦国人绝不是傻瓜！只是迫于西戎骚扰而无暇顾及罢了。一旦西扰解除，秦之东向首选目标必是虢国无疑。"

"君上欲灭虢，而今就是天赐良机。"赵夙提供了自己掌握的最新情况，"据细作报告，近日虢君正率其主力军队攻打山戎。我们何不乘虚而入呢？"

"我也得到同样情报，就怕虞国不肯借道。"韩万若有所思地说道，"虢、虞两国一向友好。我们攻打虢国，必须经过虞国，说不定虞国还会帮着虢国抵抗我们呢！"献公顾虑的也是这

件事，就朝着韩万说："这种事完全有可能。正是这个原因，我才请大家一起商议的。"

"是吗？"一直都未吭声的荀息突然冒出这样一句话，"我有一计，可使虞国完全听从我们的安排。"

众人目光齐刷刷地盯到荀息身上，荀息却慢慢地转过脸去，好似津津有味地欣赏着雕梁画栋的房顶，急得韩万追问道："你到底有啥办法？"

献公也沉不住气了，催促道："就不要卖关子了。"

"我是怕君上不肯割爱哪！"荀息顽皮地一笑，两眼眯成一条细缝，在众人的脸上飘来飘去，最后盯到献公身上。

"有啥大不了的事？"献公显得很慷慨，就像龙王打开宝库让虾兵鳖将们任意选取一样。他大大方方地说："只要能借道，没什么不可割舍的！"

"果真如此，借道之事就是囊中取物了。"荀息胸有成竹地说，"虞君实际上是个财迷，很喜欢占小便宜。我们把屈地产的良马和垂棘出的璧玉送给他，他就一定会听我们的。"

献公一听，脸色逐渐变得有些犹豫了，嗫嚅地说道："可否……用别……别的东西呢？这些良马和璧玉送给他，是不是太贵重了。"

"哈哈！我就说吧！"荀息一脸果不其然的神气。看到大家并没有真正理解自己的用意，这才进一步解释说："不过是暂借虞国的府库和马厩存放几天吧！以后不照样还是咱们的。"

"你是说放羊拾柴，顺便连虞国一起灭掉？"献公似有所悟地问道。荀息非常得意地答道："然也——"

"怕是不行吧？"韩万并不觉得虞国就这么容易糊弄，他说，"即使虞君同意借道，那宫之奇和百里奚也是明眼之人。他们身为虞国重臣，岂能袖手旁观？"

"你说得不错。"荀息继续阐述着自己的计策，"这一招瞒不过宫之奇，更瞒不过百里奚，但是虞君并不看重他们，很多时候还讨厌他们的直率。他们在虞国的地位越来越比不上善于逢迎的高田了。"

赵夙赞同荀息的看法，就说："是这么回事，我看此计可行。"

"那就烦劳荀卿到虞国走一趟吧。"献公决定了这件事。荀息喜滋滋地答道："遵命！"

蠢虞公贪财借道

虞君见到屈地产的良马和垂棘出的璧玉，喜得浑身上下都在笑。他也不同大臣们商量，就一口应允借道给晋国。宫之奇急了，匆匆忙忙来到后宫拜见虞君。虞君正同近侍们下棋，见宫之奇进来便慢悠悠地问道："宫卿是为借道之事吧？"

"正是。"宫之奇劝谏说，"这道万万借不得！"

"为何？"虞君不以为然，一边下着棋一边说，"献公送来这么贵重的礼物，如果不与借道，怕是面子上也说不过去吧。"

"我们千万不能因为贪图一点点财物，而让江山社稷遭殃

5

啊！"宫之奇说话的语气很诚恳。虞君停止了下棋，面带愠色道："你这是危言耸听吧。"

"微臣不敢。但是，虞、虢两国唇齿相依，一旦虢国灭亡，虞国也就难保了。这是很明确的事情。"

"都说你宫之奇绝顶聪明，你怎么就看不到虞、晋两国同姓同宗呢？晋国怎么会害虞国呢？"虞君说着，眼睛又转向那盘没下完的棋。宫之奇进一步解释说："虢国和晋国不也是同姓同宗吗？晋能灭虢，岂能不灭虞？要论亲近，虞国总比不上桓庄之族吧？他们尚且无罪被杀，何况我们呢！"

"话不能这样说吧。"虞君终于亮出了底牌，"献公剿灭桓庄之族，是因为桓庄诸公子威胁他的君位。而今灭虢，是因为他们有旧怨。直到现在，还有一些原晋国公子躲在虢国。我们借道给晋国，自然要得罪虢国，却赢得了更为强大的晋国做依靠。这不是很好的事情吗？更何况献公还给咱们送来这么贵重的礼物哪！"

"君上……"宫之奇仍在力图说服虞君。只见虞君斩钉截铁地说："就这样吧。"

正在这时，门官禀报百里奚求见。虞君不耐烦地说："让他进来！"百里奚进得门来还未站稳脚跟，就听虞君问道："百里大夫也为借道之事吗？"

"正是。"百里奚应道。

"你的意思呢？"虞君又问。

"不能借。"百里奚回答得异常干脆。虞君看到反对借道的

宫之奇还未走，又来了个百里奚，就严厉地斥责说："不要再说了！这道是借定了。"话音未落，便拂袖而去。只留下宫之奇和百里奚无可奈何的叹息声……

晋里克返回灭虞

晋献公见借道成功，就派里克率领四百辆兵车、五千多军队攻打虢国。虞君听说晋兵到了，即刻出城迎接，见到里克还笑脸相迎地讨好说："要我们派兵帮忙吗？"

"当然需要。"里克笑嘻嘻地说，那神情就像表演成功的魔术师得意非常，"帮我们攻取下阳吧，那儿是虢国宗庙所在地。我们就喜欢交你这样的朋友！"

"行。"虞君心里像是灌满了蜂蜜。他认为，能给晋国帮上这个忙，也是攀高结贵的大好时机，说不定攻下虢国后还会分给他们一些地盘和财宝呢。

里克说："请你派出得力信使去下阳，就说虞国将派军队帮助他们攻打山戎。到时候，让晋兵藏在你们虞国军队中行动就可以了。"

"出其不意，攻其不备。"虞君称赞道，"此计甚妙，甚妙啊！"

虞君依计而行。下阳守将舟之侨听说虞兵已到城外，就命军士大开城门迎接。虞国兵车刚刚驶进，就见车中跳出的全是晋兵。这些晋兵"呼啦啦"打出晋国旗帜，齐刷刷亮出明晃晃的刀枪，恶狠狠地向虢兵杀去。同时，虞兵也趁势杀向虢兵。舟之侨

假道伐虢

7

做梦也没想到事情竟会弄成这样，顿时阵脚大乱，被杀得死的死，伤的伤。里克没费多大劲儿就夺取了下阳城。

正同山戎作战的虢君听说下阳失守，急忙回师援救，被山戎乘势掩杀五十里，损失惨重，元气大伤。虢君料定援救下阳无望，便败走上阳，然而上阳也被晋军占领。正踌躇间，忽然一队人马将他们团团围住，那旗帜上的"晋"字随风飘扬。

"尔等投降，可免一死。"为首的晋军将领对虢兵喊道。

"吾等死也不降。"虢军将士并无半点惧色。只见他们举起血淋淋的刀枪，互相鼓励着，呐喊着……虢君的眼眶湿润了，他的心情无比悲壮，是为了即将失去的社稷，更是为了眼前这些视死如归、忠勇无比的将士。"同他们拼命！"虢君狠狠地命令道，那声音既像天边滚过的闷雷，又像决堤的黄河浪涛。一霎时，短兵相接，车毂相错，杀声震天，尸横遍野。刀枪断了，就用石块；石块完了，就用拳头；拳头乏力，就用牙齿……

风儿不再作响，天地不再有光，河水不再流淌。虢军将士全部壮烈牺牲，虢国灭亡了。

晋兵凯旋，又进虞境，见虞国毫无防备，就顺势灭掉了虞国。

欢庆胜利的人群中，不见了荀息。献公问韩万："可曾看到荀大夫？"

"刚才还在呀！"韩万说。

"速传荀息。"献公命令道。

"荀大夫何在？"传令官高声叫道。

"来啦!"随着声音望去,只见荀息捧着璧玉款款而至。他的身后还有两个马童,兴高采烈地赶着一群良马,"君上,我的计谋不错吧?"

　　献公见状,微笑道:"璧玉照旧归,良马寿长矣!一举赚两国,可叹虞猪啰。"众将官听后哈哈大笑起来。

　　经过多年征战,晋国地盘骤然扩大,东到太行山麓,西与秦国毗邻,南抵黄河以南,北同戎狄交接,成了名副其实的北方大国。

虢　国

　　虢国是西周初期的重要诸侯封国。周武王灭商后,周文王的两个弟弟分别被封为虢国国君。虢叔封东虢(现在的河南省荥阳市西泡水镇),虢仲封西虢(现在的陕西省宝鸡市东)。西虢国位于现在的陕西省宝鸡市附近,后随周平王东迁至现在的河南省陕县东南,地跨黄河两岸,河之北称为北虢,河之南称为南虢,实为一国,于公元前655年为晋国所灭。西虢国东迁后,原地留有一小虢,公元前687年为秦国所灭。东虢国,位于现在的河南省荥阳市,公元前767年为郑国所灭。

假道伐虢

<智慧点津>

　　"假道伐虢"，即假虞伐虢，古代三十六计之一，说的是晋国利用弱小的虞国对大国的畏惧心理，诱之以财，用欺骗的手段不战而胜。另一个教训是，对处于敌我两个大国中的小国，当敌人胁迫它屈服时，要认清形势和自己的弱点，不能对具有虎狼之心的大国抱侥幸心理，更不能贪小财而失大局。

　　在现实生活中，我们要有长远的眼光，不能贪图眼前小利。要多听听别人的建议，凡事都要三思而后行。

弦高犒师

——急中生智巧退秦军

弦高犒师的故事发生在春秋时期，说的是郑国商人弦高在大军压境时急中生智巧退秦军的事儿。弦高为春秋时郑国商人。公元前627年，弦高去成周经商，及滑〔现在的河南省洛阳市偃师缑（gōu）氏一带〕，路遇袭击郑国的秦军。于是他冒充郑国的代表，以4张熟牛皮和12头牛犒劳秦军，以示郑国已预知秦军来袭。同时，他又急忙派人回郑国禀告。秦帅孟明视以为郑国已有准备，遂领兵灭滑而返，从而使郑国避免了一场大灾难。郑穆公以存国之功赏之，弦高辞而不受。

秦穆公执意伐郑

地处中原西部的秦国本来是一个落后的小国，周平王东迁时才受封。但经过几代国君的苦心经营，秦国逐渐强盛起来，并不

弦高犒师

断向中原扩展势力，也企图称霸中原。

晋献公时，妄杀长子申生，次子重耳被迫在外流亡。重耳在流亡中得到秦穆公的礼遇，并娶穆公的女儿文嬴为妻。后来，重耳回国继位，他整饬内政，国力大大增强，使晋国跻身于春秋五霸之一。

公元前630年，晋文公以其流亡途中郑国无礼以及城濮之战中郑国叛晋助楚为借口，联合秦军围困郑国。郑国派使者劝秦国退兵，秦、晋联盟被瓦解。后来，秦国背着晋国私自和郑国结盟，又派人带兵驻扎、控制郑国，与晋国为敌。

公元前628年，晋文公、郑文公先后去世。在郑国驻守的杞子报告秦穆公说："郑国让我来驻守他们国都的北门，秦国要是带兵突然袭击，郑国的土地就属于秦国了。"就此事，秦穆公向蹇叔询问。蹇叔说："带领大军劳师动众去攻打一个远方的国家，我可没听说过。士兵疲劳，远方的国家又有所防备，恐怕事情不成。我军的行动肯定被郑国知道，让军队劳苦却毫无收获，士兵肯定会心存怨恨。何况千里行军，谁能不察觉呢？"秦穆公没有听从蹇叔的劝告，他派大将孟明视、西乞术、白乙丙率军从东门出发攻打郑国。蹇叔得到消息后说："孟子（对孟明视的尊称），我今天看着你们出征，却再也看不到你们回来了！"秦穆公得知后派人对他说："你懂得什么，要是你只活到六七十岁，现在你墓前的树都有一抱粗了！"蹇叔唯一的儿子跟随出征，蹇叔哭着对他说："晋国肯定会派兵在崤山设

伏，崤有南北两座山峰，你肯定会死在这两座山峰之间的峡谷里，我会到那里为你收尸。"

知识链接

蹇叔

蹇叔（约公元前690—公元前610），春秋时宋国铚邑（现在的安徽省淮北市濉溪县临涣镇）人，曾任秦国右相，是先秦著名的政治家和军事家。蹇叔本是淡泊名利、与世无争、乐于农耕的隐士，经百里奚推荐，秦穆公任为上大夫。而百里奚这位满腹才学的人却并不被赏识，他的一生颠沛流离、历尽坎坷。在朝任职的过程中，百里奚有两次听了蹇叔的话都得以脱身，只有一次没听，就碰上了虞君亡国之难，由此可见蹇叔的识人察事、深谋远虑与真知灼见。

郑弦高假意犒师

觊觎中原已久的秦穆公不听劝告，命令大将孟明视、西乞术、白乙丙带领大军偷袭郑国。公元前627年二月，秦军主力浩浩荡荡经过周国（洛阳）的北门，来到了滑国境内。这时，郑国牛贩子弦高恰好赶着一群牛到洛阳贩卖，也到了滑国。得

弦高犒师

知秦军要去袭击自己的国家，他一面派人急速回国报告情况，一面假扮成郑国国君的特使，要求见秦国主将。

孟明视听说后大吃一惊，接见了弦高。弦高笑呵呵地说："我是郑国国君派来的特使。我们的国君听说三位将军要到郑国来，特派我送上一份薄礼，以犒劳远道而来的贵军将士，略表郑国国君的心意。"接着，他献上了4张熟牛皮和12头肥牛。

孟明视一见弦高送来这么多好吃的，心里乐呵呵地想着，这真是天上掉馅饼的好事，何乐而不为呢。但是他回头一想，我们本来打算在郑国毫无防备的情况下袭击，现在郑国使臣竟来犒劳军队，偷袭是不可能了。所以他故作镇定，收下了弦高送来的礼物，机智地对弦高说："我们并不是到贵国去的，感谢郑国国君送来的礼物，改日必定登门拜访。"

看着弦高走后，孟明视和副将军西乞术、白乙丙商量："郑国有了准备，我们还是回国吧。"于是，他们很不甘心地撤军，在回来的路上，顺路灭掉滑国，回秦国去了。

郑国因为弦高的大智大勇避免了一场灾难，郑穆公以高官厚禄赏赐弦高，弦高却婉言谢绝。他说，作为商人忠于国家是理所当然的，如果受赏赐，岂不是把我当作外人了吗？然后他带着家人到洛阳做生意去了。他的事迹被载入史册，两千多年来广为传颂。

晋襄公伏击秦军

晋在文公的国丧之中，得到秦国偷袭郑国的情报，中军帅先轸认为，秦穆公不听蹇叔忠告，而贪婪兴师，这是上天赐给我们击敌的机会，力主攻击秦军。大夫栾枝则认为没有报答秦穆公赐给的恩惠，反而攻击他的军队，这不是为先君着想。先轸说："秦国不为我国哀悼，反而趁机来攻打我们的百姓，实在是蛮夷之国，我们一定要对这种行为加以严厉惩处。"又说："我曾经听说过，今天把敌人放跑了之后，后世再也没有人能把他们追回来了，留给子孙的祸患就非常大了。所以君上一定要给予秦国迎头痛击。"晋襄公采纳了先轸的建议，发兵击秦，并联合姜戎一道行动。襄公穿着丧服亲自督军，梁弘为他驾车，莱驹做车右。晋与姜戎联军在崤函地区的东、西崤山之间设下埋伏。

公元前627年4月，秦军进入埋伏圈，在晋与姜戎的夹击下，全军覆没，孟明视、西乞术、白乙丙三将军被俘。

晋军全胜而归，文嬴（文公夫人，襄公嫡母）向襄公请求释放秦国三将军，说他们是构成秦、晋二君间隙的罪魁，请让他们回国去接受杀戮。襄公即释放了秦国三将军。先轸得知，责备襄公处置失当。襄公又命阳处父去追击，秦国三将军已登舟渡河。孟明视三将军回到秦国，穆公不但没有加罪，反而更加信用，使专任军事。

周襄王二十八年（公元前625），秦帅孟明视率师伐晋，两

弦高犒师

15

军战于秦西部的彭衙（现在的陕西省白水县东北），秦师失败。同年冬，晋大夫先且居率宋、陈、郑联军伐秦，取秦邑汪及彭衙而还。

次年，秦穆公亲自率军伐晋，渡过黄河，焚烧船只，以示决心死战。

知识链接

崤 山

崤山或称三崤山、二崤山。《水经注》中记载："崤有盘崤、石崤、千崤之山，故名'三崤'，又分东崤山、西崤山，故名'二崤'。"主峰为青岗峰，海拔1903米。崤山高山绝谷，峻坂迂回，地势险要，自古以险峻闻名，是陕西关中至河南中原的天然屏障。崤山又是黄河与其支流洛河的分水岭。登崤山北眺，黄河谷深流急，蔚为壮观。古代将崤山与函谷关并称为"崤函之塞"，是山峰险陡、深谷如函的形象表达。

秦军攻取晋国的王官（现在的山西省闻喜县南）及郊（现在的闻喜县西），晋人不出。秦军掉头向南，由茅津再渡黄河，到达崤山，掩埋了崤山中秦军的尸骨而后还。

<智慧点津>

这就是著名的弦高犒师的故事。后来，唐代诗人吴筠在《高士咏·郑商人弦高》一诗中写道："卓哉弦高子，商隐独摽奇。效谋全郑国，矫命犒秦师。赏神义不受，存公灭其私。虚心贵无名，远迹居九夷。"

弦高犒师的故事流传了两千多年，值得我们学习的是他身上的爱国爱家的品质。他宁肯牺牲自己的利益来维护国家的利益，这种舍小我为大我的精神是值得我们发扬光大的。

弦高犒师

楚庄王二三事

——窝囊君主逆袭称霸

楚庄王（？—公元前591），又称荆庄王（出土战国楚简作臧王），芈（mǐ）姓，熊氏，名旅（一作吕、侣），楚穆王之子，春秋时期楚国国君，公元前613至公元前591年在位，春秋五霸之一，称霸中原，威名远扬。春秋末期，孔子曾到访楚国，称楚庄王的政治思想与儒家的"仁"的思想相符。在楚庄王之前，楚国一直被排除在华夏文明之外。自楚庄王始，楚国逐渐强大，为华夏文明的传播和民族精神的形成发挥了巨大作用。公元前591年，楚庄王去世，谥号庄。后世对其多给予较高评价，有关他的一些典故，如"一鸣惊人"等也成为耳熟能详的成语，对后世有深远的影响。

楚庄王葬马

楚庄王有一匹最心爱的马，身披锦绣华服，住在豪华的房子里，睡在软床上，最后因营养过剩肥胖而死。楚庄王非常伤心，打算以大夫之礼来埋葬自己的爱马，还命令群臣来为他的爱马吊丧。群臣都认为楚庄王做法太荒唐，纷纷劝谏，沉浸在悲痛中的楚庄王暴怒："我意已决，有谁胆敢再拿葬马这件事进谏，杀无赦。"

事情陷入僵局之际，身份低微的优孟一反常态，来到王宫，仰天大哭，为楚庄王的爱马吊唁。楚庄王大惊，问他为何哭得如此伤心。优孟擦干眼泪，故意愤愤地说："这匹马是大王的心肝宝贝，我楚国如此强大，哪里有什么事办不了呢？大王以大夫之礼下葬它，太寒碜了，应该用君王之礼来厚葬啊！请大王用美玉作为马的棺椁，调动全国的军队挖墓穴，让全国的老人、孩子背土培坟，让韩、魏的国君陪灵，让六国的国君吊唁，以最高的太牢之礼来祭祀它吧！"

并不糊涂的楚庄王立刻意识到自己的想法太荒唐，急忙悔过，问优孟该怎么做。优孟幽默地回答："以铜锅做棺椁，配上葱、姜、蒜，把马安葬于人的肚腹之中。"楚庄王欣然同意，云暗天低的紧张氛围就这样化解了。

"山不过来，我就过去"，当事情陷入僵局，前方无路可走的时候，不妨试着转身，换个思路，或许就能柳暗花明了。优孟

与其他文武群臣不同，他利用语言的技巧，让思维转个弯，达成了劝谏的效果，避免了一场国家灾难。

贤后樊姬

樊姬是楚庄王的王后，她在楚庄王每次走入歧途时总会以自己的智慧指点迷津。楚庄王能够成就春秋霸业，很大程度上离不开这个女人的努力。

相传樊姬当上正宫王后是有一段典故的。有一天，楚庄王传旨，要从宫里众妃子中挑选一位做王后，限令3天内各位妃子每人进献一份礼物，谁的礼物最能迎合楚庄王的需要，就选谁。众妃子一听到消息，立马都手忙脚乱去筹办礼物了，唯独樊姬像没事人一样，优哉游哉地在宫中游玩，好不悠闲。

很快3天的期限到了，众妃子们都争先恐后地献出自己精心准备的礼物，都是奇珍异宝，让人眼花缭乱。轮到樊姬，她除了把自己打扮得漂漂亮亮外，两手空空，什么也没拿。楚庄王有些恼羞成怒："爱妃，你给寡人准备的礼物呢？"樊姬说："大王，臣妾给您准备的礼物就在您眼前呀，您没看见？"楚庄王听了很是诧异，仔仔细细地看了一圈，说道："是吗，在哪儿啊？"樊姬说："大王，您不是传旨说，送的礼物必须是大王最需要的吗？大王您想想，眼前最需要的是什么呢？除了需要一位王后外，难道还有比这个更重要的吗？臣妾给大王准备的礼物，就是臣妾自己呀！"

楚庄王听樊姬这么一说，既意外又惊喜，不禁暗自打量了一番樊姬。心想：眼前这个女人，真是美若天仙、聪明过人，还有几分顽皮刁钻，这不就是自己心目中的王后吗？于是便立樊姬为后。

楚庄王即位初期，贪恋酒色，夜夜歌舞，不理朝政，樊姬屡次苦口婆心劝导，却不见一点起色，楚庄王依然我行我素。樊姬心灰意冷，决定不再梳妆打扮，整日蓬头垢面。楚庄王察觉后很是不能理解，便问樊姬为何如此。樊姬带着悲戚的语气说："您整日沉迷酒色，荒废国事，楚国的前途一片黯淡，我哪还有什么心思梳妆打扮呢？"楚庄王听了羞愧难当，当即表示悔改。可江山易改本性难移，没过多久，楚庄王的老毛病又犯了。

于是，樊姬让人在纪南城南城垣筑起一个高台，每天晚上她登上此台，独自对着星空和夜色梳妆。楚庄王见后深感奇怪，便问樊姬为什么要夜晚独自一人在野外打扮。樊姬冷冷地说："大王答应我要远离声色犬马，励精图治，但大王根本不在乎对我的承诺。与其面对一个不在乎我的人，还不如让星月欣赏。"楚庄王这下才明白了樊姬的良苦用心，终于决定痛改前非，专心治理朝政。

绝缨之会

周定王二年（公元前605），楚庄王经过艰苦作战，平定了叛乱之后，大摆酒宴，招待群臣，欢庆胜利，名曰"太平宴"。

同时，庆祝自己真正成为执掌大权的一国之君。

楚国所有的大臣们，都来与国君痛饮，不醉不归。那个时候，还没有蒸馏技术，所以酒精的度数不是很高，要想喝醉，没那么容易。再者，酒没喝完，过了保质期就会变酸变质，所以楚庄王要求大家都使劲地喝，别浪费了。于是，楚国的君臣们，从下午一直喝到了天黑。当时的食物比较稀少，不像现在这么齐全，一天只吃两餐，上午一餐，下午一餐，没有晚餐。晚上也不能喝酒。喝酒只能在白天，太阳一落山就不准喝酒了。因为商纣王喝酒亡了国，所以大圣人周公发布禁酒令，不许夜间喝酒。不过，楚国可不理这一套，早脱离了大周。楚庄王说："寡人已经好几年没喝酒了，今日叛臣已除，四境安靖，愿与诸卿同醉，务要尽欢！"便叫人点起青铜灯，晚上继续喝酒。众大臣们借着灯光，闻着酒香，个个喝得酩酊大醉。正当君臣喝得尽兴之时，楚庄王一高兴就把自己宠爱的许姬叫了出来，为诸大夫们亲手把盏敬酒。

这许姬，五官秀美，身材苗条，肌如凝脂，腰似春柳，乃是楚国后宫第一美女。在晚宴的烛光之下，本来就令人销魂的许姬，显得更加妩媚动人，恍若仙女下凡。突然一阵怪风吹来，把大厅上的灯火全都吹灭了，宴席上顿时漆黑一片。就在这个空当，一个醉汉实在把持不住自己，因为他垂涎许姬的美色已久，加之趁着酒兴，便乘机凑上去扯住许姬的纤纤玉手，另一只手放肆地乱摸了她一把。

许姬大惊，左手奋力挣脱，右手则顺势揪下了那个人帽子

上系的璎珞。那个人由于惊惧，不得不放手作罢。许姬将璎珞握在手中，连忙来到楚庄王面前告状说："刚才敬酒时，有人乘灯灭欲行不轨，现在我把他帽子上的璎珞摘下来了，请大王快快命人点灯，给臣妾做主，看看是哪个胆大包天的家伙干的。"楚庄王马上就明白了是怎么回事。王曰："奈何显妇人之节，而辱士乎？"楚庄王突然看见宫人正在准备重新点灯，就连忙拦住说："不要点灯，大家就这样黑着灯喝吧。现在，请各位把帽子上的璎珞都摘下来，咱们绝璎痛饮！"

于是，所有的大臣们都不知道为什么，但又不愿违抗大王的命令，就都把自己帽子上的璎珞摘了下来。等到灯烛重新亮起来的时候，每个人的帽子上都没有了璎珞。君臣又继续痛饮。因为有了这个情节，所以这次君臣大宴就成为历史上著名的"绝璎之宴"了，而不再叫太平宴。

事后，许姬责问楚庄王，为什么不揪出那个非礼她的家伙？楚庄王笑着解释说："按规定，喝酒不能过量，也不能没日没夜。是我让群臣们滥饮，出了事不是他们的责任，是我的责任。我怎么能惩罚他们呢，怎么能伤国士之心呢？"后人议论，楚庄王有这样一种襟怀，所以他该成为春秋霸主。庄子说："君子不为苛察。"用人不要求全责备，不要计较人才的小节微瑕，大概说的就是楚庄王吧。

七年之后，楚庄王讨伐郑国，有一名战将主动率领部下先行开路，这位战将所到之处，无不拼死向前，五战五胜，大败敌

军，一直杀到了郑国的国都之前。

楚庄王在论功行赏的时候，才知道这员猛将名叫唐狡。唐狡表示不要赏赐，并且坦承了七年前宴会上的无礼之人就是自己，今日此举全为报七年前的不究之恩。古人说得好："君则敬，臣则忠。"君臣关系就是这样简单。

楚庄王，一位充满传奇色彩的英雄，在位初期，"昏聩闭塞，贪图酒色"，国政皆赖于成、斗二氏，无所作为。庄王亲政后，励精图治。对内分令尹之权，压制若敖氏，任用苏从、芳贾、伍举等贤臣。后子越政变，庄王沉着应对，一战定乾坤，稳定后方。对外与晋国赵盾、郤缺多次争霸受挫，却能屡败屡战，任用孙叔敖大胆革新，楚国大治。邲之战，军令统一的楚军大败政出私门的晋军，宣告着楚庄王霸业的功成名就，其雄才大略使楚国称霸于中原，号令诸侯，打破了晋军不可战胜的神话，并矢志不渝地维护着霸业的延续，时刻盯防晋国的反扑。

楚庄王的强势北进，客观上促使先进的中原文化与个性独特的荆楚文化水乳交融，也为先秦时代华夏文明的民族大融合做出了杰出的贡献。其丰功伟绩足以永载史册，千古传颂。

楚国的衰落

楚庄王是楚国历史上最有作为的君主，他北上争霸，郊之战击败晋国，饮马黄河，问鼎中原，位列春秋五霸。除了军事方面，他还任贤用能，在农商业、文化教育等内政方面也成就卓然。在其治理下，楚国国力达到极盛，成为当时最强大的国家。后世对其评价颇高，也留下了诸多脍炙人口的典故。

楚庄王死后，其子楚共王即位，以令尹子重为首的王族与以申公巫臣为首的屈氏卿族矛盾开始激化，政局动荡不已。由于担心被子重等人加害，巫臣及其他一些楚国的重臣纷纷外逃投奔他国，楚国国力逐渐被晋国反超。

除了要持续不断地和晋国争雄，楚国还得面对东边逐渐强大起来的吴国的侵袭，国力逐渐疲敝，及至楚灵王、楚平王时，国君残暴昏庸，奸逆当权，国势继续沦落。楚昭王时，楚国的国都甚至被伍子胥率领的吴国军队攻占，连已经下葬的楚平王都被人掘墓鞭尸，堪称奇耻大辱。至此，楚国永久地退出了争霸行列。

楚庄王二三事

<智慧点津>

　　古人讲："君则敬，臣则忠。"楚庄王之所以能够成为"春秋五霸"之一，他那宽广的胸怀，自有其思想基础，不仅是言，而且有行为作为其基础的。比如，没有绝缨宴，也许唐狡早就被处死了，楚国伐郑就不一定能胜，楚庄王的春秋大业也就不一定能够成就了。

一鸣惊人

——楚庄王 "装傻" 问鼎中原

楚国是春秋时期的一个大国，但在中原诸侯争霸的过程中，先是齐桓公率兵深入楚国境内兴师问罪，楚国被迫尊王，向周天子进贡。后来又有晋文公与楚国正面交锋，在退避三舍后，把楚国打得大败而归。可以说楚国虽然强大，但是没有获得强国的地位。这种情况一直到楚庄王出现后，才有所改善。楚庄王是在继位九年之后，才真正掌握楚国大权的，在这九年的时间中楚庄王是如何从幕后走到台前的呢？他又是如何展示自己称霸诸侯的胸怀和志向的呢？

楚庄王藏而不露

楚庄王是楚国楚穆王的儿子，公元前613年继位。与他相关的，有一句成语叫"不鸣则已，一鸣惊人"。怎么回事呢？

27

对此，《史记》中说年轻的楚庄王继位后，有三年他什么事都不干，终日沉湎于酒色，在宫里跟一大帮妃嫔一起花天酒地。他还向全国发了一个命令：谁要敢给我提意见，死！他在那儿闹腾着，有些大臣就憋不住了，于是有个叫伍举的就站出来。他来见楚庄王。楚庄王左边搂的是郑姬，右边搂的是越女，斜靠在那儿，一副爱谁谁的样子。看见伍举，他就问："伍举，你干吗来了？给我提意见吗？你没看我的命令吗？"伍举早就想好了，说："抱歉，我不是来提意见的。我这儿有个谜语，我想让君主猜一猜。"楚庄王一听，问："什么谜语？"伍举说："有一只鸟，个头很大，蹲在一个大土堆上，三年不鸣，三年不飞。请问，这是什么鸟？"楚庄王听了以后，哈哈一笑："什么鸟我不管，但是我知道，这个鸟不鸣则已，一鸣惊人；不飞则已，一飞冲天。"伍举一听这个，心里有底，就下去了。

可是楚庄王没有鸣也没有飞，还在接着闹腾。于是，就有另外一个大臣名叫苏从的，沉不住气了，来给楚庄王提意见。楚庄王就说："你来也一样，敢向我提意见，死！"苏从说："我豁出去死了！你这么干，就是昏君做法。"楚庄王一听笑了，说："苏大人，你退下，我知道怎么办了。"

打那儿以后，楚庄王开始打理朝政，按照《史记》的说法，真是"不鸣则已，一鸣惊人；不飞则已，一飞冲天"！楚庄王刚开始理政，就杀掉了一批奸臣，任用了一批忠臣，仅仅三年，楚国大治！

但实际上，历史上的楚庄王，真正掌权要比这复杂得多。他直到第九个年头才真正掌了大权。但是正如《史记》所说的，楚庄王装糊涂，整天玩儿，一副亡国之君的样子，实际上是在观察形势，在等待各色大臣的本色显示出来。他明白，他的敌对势力是存在的。他是在观察，有多少像伍举、苏从这样的忠臣来向他提意见，这样他就有了底，开始有所作为。但要真正掌权，确实还要多花些时间。

为什么呢？这是因为，他当时面临着一个盘根错节的大家族的势力，用我们今天的话说就是既得利益者，这个既得利益的家族就是若敖氏。

若敖氏家族揭秘

若敖是楚国的一代先王，这个人又叫熊仪。熊仪有诸多的儿子，其中有一个儿子叫斗伯比。在楚文王、楚武王开辟疆土的时候斗伯比很有作为。斗伯比是名臣，生了个儿子，就是后来的令尹子文，也是一代名臣。令尹子文小时候的经历很奇特，他是个私生子。这又是怎么回事呢？

斗伯比年轻的时候，少年轻狂，在姥姥家住着，姥姥家姓妘。那时他就跟一个表妹，这里称她为妘小姐吧，产生了爱情，生了个私生子。古代这种孩子是不能要的，觉得丢人。那怎么办呢？只能把孩子丢掉。丢到哪儿去呢？楚国有个云梦大泽，实际上那是大片的沼泽湿地，于是他们就把孩子扔到云梦泽里边去

了。你想一个小孩子刚生出来，被扔到云梦泽，肯定是要死掉的啊！

可是子文没死，他命好，他碰上一只大老虎。碰上大老虎，要没有武松的本事，也还是个死。可子文是婴儿，正好，这只老虎还是个雌虎，也刚生完小虎，奶水很多，也不像妢小姐，生了孩子没办法养。于是看到这儿有一个婴儿，母老虎就把他认作自己的孩子给他吃奶，养育起来了。

斗伯比和表妹扔孩子这件事情，以为做的神不知鬼不觉，却瞒不过一个人！谁呢？就是妢小姐的母亲。你想女孩子，好几个月挺一个大肚子，瞒谁也瞒不了自己的母亲。先不说妢小姐的母亲，先得说妢小姐的父亲，就是妢国的君主。他这天去云梦泽狩猎，见到一个情景，吓了一大跳。原来，他打猎时遇到了虎，于是就打虎，这虎见状逃跑，后面居然跟着个小男孩儿，做虎的姿势在跑，这不活见鬼了吗？

回家以后，惊魂未定的他对自己的夫人就讲："今天打猎太奇怪了，我碰上了一群老虎，大虎带着小虎，还有一个人形的虎崽跟着跑。"

他的夫人也觉得这事奇了，她想到那个被扔掉的男婴居然没有死，就把自己女儿生孩子并扔到云梦泽的事情说了。小男孩儿没有死，他的命好大啊，这一定不是等闲的命！

妢国君主也相信，这孩子可不简单，喝虎奶长大的！赶紧派人去找，就把这个孩子给找回来了。今天我们知道有狼孩儿，古

代春秋的时候，人家有虎孩儿的故事！

子文长大以后，做了楚国的令尹，颇有政绩，所以他做宰相，而且做了好几任，时间很长。家里出个英雄人物，以后的子孙也跟着沾光，能顺利地出仕为官，家族势力也就跟着强起来。

知识链接

孔子对子文的评价

关于子文的事迹今天知道的不多，但孔子议论过这个人。我们知道，孔夫子议论人，是不会说一般老百姓的。但对这位子文，《论语》中有赞美的议论。学生问孔子："子文三次做令尹，不沾沾自喜；三次被罢免，无恼怒之色。每当他被罢免的时候，他过去的政令、文件，都要仔仔细细地交给下一任，移交办完了，然后再离去。这个人怎么样呢？"孔子说："这个人当得起一个字——忠。"孔子赞美子文是一个很忠诚的人。

若敖氏家族中出了子文这样的忠臣，这个家族从此走向了权势之路。他家中的每一位掌权者，在楚国都是举足轻重的人物。

一鸣惊人

君弱臣强待转机

楚庄王刚继位的时候，面临的是一个盘根错节的大势力。怎么办？没办法，所以他要隐忍不发，要观察，要谋求自己的机会。这是楚庄王的特点，能隐忍，同时他还善于观察形势。

单是忍耐着，这也不是楚庄王的风格，他还要想办法把权力拿回来。楚庄王要拿回本属于自己的大权，他没有直接催马持枪跟若敖氏干，那么他是怎么做的呢？楚庄王所采取的措施是做事，在做事中培植自己的力量，找到把权臣之家灭掉的那个点，这是一个非常明智的君主！春秋五霸各有特点，楚庄王能忍，懂得伺机而动是他的特点。

若敖氏家族掌握着大权，楚庄王一上台很难受。就在他上台的头一年，发生了一次被劫持的事件。楚庄王上台后，年轻无威，大家也没有把他放在眼里。楚国正在向东方发展，宰相就是令尹子孔，是若敖氏家族的人，带着军队，还有另外一位将领叫潘崇，两个人一块儿出外打仗。家里边留下的一位是斗克，另一位是公子燮，俩人都对现实不满。这样，斗克和公子燮就开始密谋夺权。子孔和潘崇带着兵走后，都城空虚。斗克和公子燮俩人商量，这是个机会，就开始加固城墙，组织部队，杀子孔、潘崇的家人，分潘崇家的财产，同时派了刺客到前线去刺杀子孔。

结果呢，刺客出去以后，没得手就回来了。二人觉得这下坏

了，子孔知道他们干的事了，左思右想，还是三十六计走为上！可是往哪儿跑呢？往西北方向跑，斗克在那儿干过，觉得有点儿基础。说跑就跑，他还挟持着刚上台一年的楚庄王跑。楚庄王不跟着走行吗？光杆司令一个，手底下没人啊！所以他只能忍耐，被胁迫着一起走。他不知道自己的命运什么时候算是有一个定点。

好在事情出现一个转机！走到半路上，碰上一个大夫，叫庐辑梨，庐辑梨还有手下。庐辑梨发现这些人带着君主向西北方向走，鬼鬼祟祟，形迹可疑，就把他们留住了。一查就发现斗克他们叛逃的事。结果庐辑梨就把斗克和公子燮杀了。这样，楚庄王才又回到了都城，去接着做他的王。

这是楚庄王在位头一年发生的事，他对这个经历印象太深了，若敖氏家族势力这么大，所以他只有一个字——忍。老话说，忍字写得好，心上一把刀，忍着。这是一只老虎，牙没长齐，爪子还不锋利，只能在心里边不断地磨他那把霸主的刀，等待着！

灭庸国庄王立威

楚庄王作为楚国一代雄才大略的君主，在他刚上台的时候，他面临的是一个有名无实的君主之位。但楚庄王善于隐忍，在不能左右大局的时候，他暂时咽下这口气，等待时机。那么，最终是一个什么样的时机出现，帮助他拿回属于自己的权力呢？

到了楚庄王上台以后的第三年，楚国大旱，颗粒无收，发生

了饥荒。这时候楚国周围，过去臣服于楚国的一些蛮夷就开始骚动起来，攻打楚国的各处城门。与此同时，在楚国西北方的一个叫庸的小邦国，臣服楚国许多年了，现在居然率领着群蛮造反。楚国是四处起火，八方冒烟，国家处于摇摇欲坠当中。

这样的局面，需要干才。这时候，若敖氏家族的执政者就提出来，咱们跑吧！而楚庄王有意培植的一位贤人蒍贾，就站出来表示反对。蒍贾这个人，也是过去老楚王的后代，但蒍氏家族这么多年都不得志，若敖氏家族一直在台上，蒍贾被压制在下边。楚庄王上来以后，《史记》中说杀了几百，用了几百，但没那么痛快，他是一个一个地用，为的是不让若敖氏家族感觉到威胁，他用了蒍贾。这个时候蒍贾就站出说："跑不是办法，我们跑，敌人就可以追，你跑到哪儿，敌人就可以追到哪儿，什么时候算个头儿呢？"他的意思是，现在不能跑。但是不跑又能怎么办，难道说等着亡吗？不，蒍贾提出一个大胆的主张——向庸国进攻！

他的主意一出口，不少人吓了一跳。向庸国进攻，你脑子没出问题吧？楚庄王让蒍贾说说理由。蒍贾说："为什么现在这些人都造了反，就是看着我们闹饥荒，以为我们兴不起兵，打不起仗。好，我们现在就要打给他们看，我们就要大张旗鼓、毅然决然，兴一支部队讨伐庸国。"他自信地说，这个战争一打响，那些鼠首两端的部族必定停止进攻。为什么？楚国虽有灾荒，但还没有败落到连军队都兴不起的地步。反过来说，现在要真跑了，

一鸣惊人

那就是死路一条！

听了芶贾的这席话，楚庄王这心里边十分兴奋，芶贾这个人是用对了！当时就表示同意，按芶贾的主意办。

若敖氏一听，芶贾说得头头是道。若敖氏家族执政太久了，子文那样的人物没了，他们已经没什么雄才大略了，也不能不服人家意见的正确。大事上你拿不出个主意，家族势力可就危险了。

楚国就开始大张旗鼓地组织军队，准备出兵攻打庸国。可这的确太难了，国家实际很困难，粮食短缺。怎么办呢？楚国恨不得把仓库倒过来敲一敲，把所有的库底子都倒出来！楚国为打这一仗，把全部库存的战备粮都拿出来了。

果不其然，楚国一兴师，蛮夷就跑了，反叛的部族当时就老实了，庸国的军队也开始回撤。楚庄王决定，追击庸军，直到最后把庸国打下来！

楚国军队开始向西北庸国的方向兴师。庸国人没有想到战争会往自己国家跟前发展。楚国一出师，庸国人就撤回去了，还满心以为撤回去就没事了。但是楚庄王的决心超出他们的想象。楚军来了，打到家门口了，庸国人没办法，只能开始组织军队反击。

战争总是胜败无常，结果一仗打完，楚国人有点儿不利，因为他们毕竟是远道而来，楚国的一位大夫还被庸国人抓了俘虏。这个人就散布消极悲观情绪，说赶紧撤军吧，庸国人太强大了、人太多了，我们赶紧撤退吧，以后再组织新的军队过来讨伐吧！

这时有位叫潘尪(wāng)的站出来反对。潘尪是楚庄王的亲信,不是若敖氏家族的。他说:"现在仗刚开始打,打了一个小败仗,就灰溜溜地撤回去,那庸国人跟着就来了,四下的火就又起了!我们楚国的先王蚡冒,据说当年他打仗的时候,也遇到过这种情况,他采取的措施是佯装败退。我们这会儿也应该效法祖先,佯装失败,向敌人示弱,麻痹敌人。"

楚庄王一听,好计策!就采纳了这个计策,又跟庸国人打。楚国人故意接触一下败一次,再接触一下再败一次,一共败了七次!这一下,庸国人就大意了。庸国人说,整个的楚国军队是豆腐渣,不堪一击!再跟楚国人打的时候,就派些杂牌军,精锐都懒得出来应付。行了,麻痹敌人的计策成了。火候到了,楚庄王就坐上战车,驾临前线。

这时候楚国联合了各种追随楚国的军事力量,兵分两路,夹击庸国。转眼之间就把麻痹的庸国和它的军队灭掉了。楚庄王作为一国之君的权威大大提升。他的手法干练、出手猛,已经本色呈露。这时候,坐在战车上的楚庄王雄沉老练,俨然一副君王的气派。

楚庄王问鼎中原

善于隐忍的楚庄王,终于趁着楚国发生灾荒的机会兴师讨伐动乱的庸国,在军队中树立了威信,为自己真正掌权奠定了基础。在这个过程中,楚庄王甚至还问鼎周王室。那么楚庄王究竟

一鸣惊人

是如何问鼎的呢？周王室又是如何回答的呢？

灭庸之后，楚庄王顺势把军队指向了陆浑之戎。陆浑之戎在现在的河南宜阳一带。楚军乘胜追击，陆浑之戎也没有准备，仓皇而逃。楚国人继续追击，一抬头，发现自己已经追到周的王城附近，已经进入王畿范围之内。齐桓公争霸的时候，通过"召陵之盟"压制楚国，迫使它向周王室进贡，臣服周王。楚国人无奈照着做了。按照老礼儿，臣服的国君在王都周围活动，王就得派出人来慰劳。周王一看，是楚庄王领着楚国的军队在都城周围活动，周王就派了王孙满来犒劳楚国人。见了面以后，刚一落座，楚庄王就问：周王室的鼎有多大，有多沉？这就是所谓的"问鼎"。后人经常说这个话，"问鼎中原"，这表明楚庄王心思可不小，鼎有多大，我们几车能装？鼎有多沉，我们几匹马可以拉？这心思，就是要夺周王的权，这话很有挑衅的意思。

王孙满这个人，虽然年纪不大，但是见识颇高。他非常简捷地回答："鼎代表的是一种德行，九鼎在周家，周可以统治天下是因为有这份德。有了这份德，老天爷就不会拿走我们的鼎。鼎之轻重不重要，鼎还能代表某种德行，这才最重要。"接着王孙满又说："关于鼎的来历，我跟你讲一讲。中国人造鼎是从夏代开始的，当年夏禹要铸鼎，九州的首领贡献了九州的金银等物，铸成大鼎。鼎上画有各种图像，图案包括丰富多彩的各种各样的事物，老百姓看见这个鼎，就能够知道什么是神，什么是奸，什么是神同意的，什么是神反对的。这样，老百姓以后出门的时

候，就不会碰上那些鬼怪。也就是说，鼎之所以代表德，就在于它对民众生活有指导意义。"又说，"鼎在夏代经历四百年，然后迁移到商代。夏代无德了，迁到商代。商代无德了，迁给我们周。"王孙满说："当年周公、周成王他们占卜，结果表明，我们周家要传有三十代王，八百年历史。现在我们还不够三十代呢，我们还有几百年的历程没走完呢，所以鼎的大小、轻重还轮不到你来问！"

楚庄王问鼎，被王孙满给顶回来了。楚庄王一看，王孙满不简单，周王室有人。其实楚庄王也没有攻打东周王室的意思，只是来了以后，说了一番挑衅的话，是存心挑逗王室也说不定。听了王孙满说的那番话，楚庄王就收兵回去了。

剪灭权臣成霸业

楚庄王打败了庸氏，又问鼎周王室，既展示了他的才干，也展示了他的理想和抱负。但楚庄王的做法，必然要和掌握楚国大权的若敖氏家族发生矛盾，当矛盾积累到一定程度的时候，最终爆发了。那么，楚庄王和若敖氏家族的矛盾是如何爆发的？楚庄王又是如何拿回属于自己的权力的呢？

灭庸问鼎之后，若敖氏就感觉到坏了，这个王可不是当初左抱郑姬、右抱越女的那个王了，那是装的！这样一来，矛盾就要爆发了。是若敖氏先下的手，若敖氏当时掌着大权的是越椒。越椒发现楚庄王已经威胁到自己家族的势力了，他就主动出兵。当

时若敖氏的势力还很大，他们就公然向楚庄王挑战了。

若敖氏敢先动手，楚庄王当时还没有意识到，说这个家伙再糊涂也不至于鲁莽，突然就兴兵朝着自己，他们竟有那么大胆子？

没办法，楚庄王一开始多少有点儿被动。怎么办？楚庄王就对越椒提出来，说："我们用三代先王，楚文王、楚武王、楚穆王的子弟们当你的人质，你撤兵。"越椒一听，说："不行，今天非灭你不可！"楚庄王被逼迫到这份儿上，只好说："好，那咱们就干！"

这个消息传出去以后，全国激愤。君王都向你服软了，把三代先王的后代给你当人质，你都不干？人们的气上来了，士气也就上来了。于是楚庄王乘着战车率领士卒向北迎击若敖氏家族的势力。

战争是在楚庄王九年的七月份爆发的。越椒这个人，生下来哭声像豺狼，长相像虎又像熊，虎背熊腰，力气很大。战争一爆发，越椒就搭起一支箭，朝着楚庄王的战车射了过去。这支箭射低了一点儿，如果高一点儿就射中楚庄王了。

一箭之后，还没等楚庄王回过神来，又一箭射来了！第二支箭一下钉在了架伞的木柱上了。上面一箭，下面一箭，正好射在楚庄王身旁，稍微偏差点儿，楚庄王命就没了。两支箭一射，楚庄王手下的将士们胆子就吓破了，说这是个什么人哪？那么老远，箭"嗖"一下就射过来了！当时楚庄王方面军心就有点儿动摇。

千钧一发之际，考验楚庄王本色的时候到了。再看楚庄王，不慌不忙地从车座上站起来，把下面人叫过来："传我的命令，过去我们老祖宗楚文王向北征讨的时候，讨伐了这个地方，缴获了三支神箭。这三支神箭很不幸，被乱臣贼子偷走了两支。现在，我告诉大家，乱臣贼子已经把他最有威力的箭打完了！诸位将士们，奋勇向前，该看我们的了！"

关键时候，这几句话太管用了！其实当时他那样一挺，站起来，表示没射着他，军心马上就稳定下来，士气就朝着有利于楚庄王这方面变了。局势的扭转，就在瞬息之间，楚庄王的表现，就是老话所说的，泰山崩于前而色不变。楚庄王发了这番话以后，楚国军队蜂拥着扑了过去，若敖氏的军队击败了，越椒也被杀死了。

在楚庄王和若敖氏家族斗争的整个过程当中，我们可以看出楚庄王这个人很能忍。忍有两种：一种是我们买一双鞋小了，商店不给退，那怎么办呢？我们就忍着穿吧，穿穿就大了，这是出于一种无奈；还有一种忍是在为将来做准备，是积极的忍，就是所谓的能伸能屈，缩回来是为了把拳头打出去。楚庄王就属于第二种忍，他缩回来的时候缩得好彻底，左抱郑姬，右抱越女，整日花天酒地，但是这个人一旦出手，招招都在点子上，这就是楚庄王的韬略和气魄。

整个阻挡楚庄王庞大的盘根错节的家族势力，就在这十来年的时间被楚庄王消灭了，以后他要大展霸主的宏图了。

<智慧点津>

楚庄王三年不飞，一飞冲天；三年不鸣，一鸣惊人。他之所以不飞不鸣，当然不是不知道飞，不愿意鸣。他下诏拒谏，是想看看有没有真心来劝谏的臣下；以死相威胁，是要看看有没有真正不怕死的忠臣；骄奢淫逸、醉生梦死就是要故意显示自己胸无大志，看哪些大臣肆无忌惮，把一切败德恶行暴露无遗，看哪些大臣洁身自好，出淤泥而不染。忠奸分明、邪正清楚后，才能够施行大手术，全面整顿，全面改革，经大乱而达到大治。这就是三年不飞、三年不鸣中的一个秘密。看来，即使是贵为国君，有时候也不得不来一点韬晦之术啊！

宋楚之战

——好面子引来的战争

宋襄公（？—公元前637），春秋时宋国国君，子姓，名兹甫。公元前650年至公元前637年在位。宋襄公是宋桓公的儿子，宋成公的父亲。宋襄公雄心勃勃，想继承齐桓公的霸业，与楚国争霸，一度为楚国所拘。公元前638年，宋襄公讨伐郑国，与救郑国的楚兵战于泓水。楚兵强大，宋襄公偏要讲究"仁义"，要待楚兵渡河列阵后再战，结果大败受伤，次年伤重而亡，因此"宋襄公之仁"成了愚蠢的代名词。但是对这样一个愚蠢的人总有一种异样的感觉，关于这个蠢人的一个疑问也一直缠绕在后人的心头。这个蠢人倒也蠢得可爱，虽然他失败了，却让后人隐隐感到一种钦佩。齐桓公、宋襄公、晋文公、秦穆公、楚庄王乃所谓春秋五霸，第二位霸主为什么要由这个失败者充当呢？带着这个疑问，让我们去领略那段不平常的历史。

宋楚之战

43

平定齐乱

宋国作为商朝的继承者，是一个有相当实力的大国，是周初分封的公爵国家（最高爵位）。宋位于河南商丘一带，是当时南北交通的要冲，地理位置十分重要，在春秋争霸的时代是兵家必争之地。宋国虽然不能和齐国、楚国、晋国、秦国等超级大国抗衡，但是在中原一带的国家中实力还是在郑国、陈国、卫国、蔡国、曹国等国之上的。宋襄公可以平定齐乱，号令邾国，杀死鄫侯，囚禁滕君，攻打曹国、郑国，就说明他还是有一定实力的。

上苍给了宋国一个机会。齐桓公到了晚年，忘了管仲的遗训，易牙、竖刁、开方这三个奸臣被他又召回宫中，加以重用。尽管鲍叔牙多次劝告，齐桓公听不进去。这三个人有恃无恐，更加胡作非为，竟然把鲍叔牙活活气死了。后来齐桓公死了，他们仨废掉齐桓公立的太子昭，而让听他们话的公子无亏当了国君。公子昭一看不但君位被夺去，而且被杀头的危险时刻威胁，就跑到宋国，请宋襄公为他做主。

宋襄公是个资质平平的人，宋国的实力也不强大，可是成为霸主的诱惑实在太大了。齐桓公去世后，宋襄公一心想成为霸主。公子昭来投奔他，他认为是个可利用的机会，就收留了公子昭。

周襄王十年（公元前641），各国诸侯接到宋襄公通知，为

了护送公子昭回齐国去当国君，请诸侯派兵相助，以壮声势。大部分诸侯一见是宋襄公出面号召，没几个人理会，只有卫国、曹国、邾国等几个比宋国还小的国家派来了一些人马。宋襄公统领四国联军杀向齐国，齐国的贵族对公子昭怀有同情之心，再加上不清楚宋军的实力，竖刁就把无亏杀了，还赶走了易牙，在边界上迎接公子昭回国。公子昭回国后当上了国君，就是齐孝公。宋襄公为齐孝公复位出了力，自认为是件惊天动地的大事，是足够树立威信称霸诸侯的时候了，便想会盟诸侯，把自己的盟主地位确定下来。于是，宋襄公派使者去楚国和齐国，把会盟诸侯的事先同他们商量一下，想取得楚国和齐国的支持。

图谋称霸

周襄王十三年（公元前638）春季，宋、齐、楚三国的国君相聚在齐国的鹿地。宋襄公一开始就以盟主的身份自居，认为自己是这次会议的发起人，同时又认为自己的地位也比楚国、齐国的君主高，盟主非自己莫属，所以他事先未征求齐国、楚国的意见，自作主张地拟了一份在宋国会合诸侯，共扶周天子王室的通告，并把时间定在当年秋季。楚成王和齐孝公二人对宋襄公的这种做法很不满意，心里很不痛快，但碍于情面还是签了字。

到了约定开会的日子，楚国、陈国、蔡国、许国、曹国、郑国等六国之君都来了，只有齐孝公和鲁国君主没到。在开会时，

宋襄公首先说："诸侯都来了，我们会合于此，是仿效齐桓公的做法，订立盟约，共同协助王室，停止相互间的战争，以定天下太平，各位认为如何？"楚成王说："您说得很好，但不知这盟主由谁来担任？"宋襄公说："这事好办，有功的论功，无功的论爵，这里谁爵位高就让谁当盟主吧。"话音刚落，楚成王便说："楚国早就称王，宋国虽说是公爵，但比王还低了一等，所以盟主的这把交椅自然该我来坐。"说罢并不谦让，一下子就坐在盟主的位置上。宋襄公一看如意算盘落空，不禁大怒，指着楚成王的鼻子骂道："我的公爵是天子封的，普天之下谁不承认？可你那个王是自己叫的，是自封的。你有什么资格做盟主？"楚成王说："你说我这个王是假的，你把我请来干什么？"宋襄公再想争辩，只见楚国大臣成得臣脱去长袍，露出里面穿的全副铠甲，手举一面小红旗，只一挥动，那些随楚成王而来、打扮成家仆和侍者的人纷纷脱去外衣，原来个个都是内穿铠甲、手持利刃的兵士。他们往台上冲来，吓得诸侯四散而逃。成得臣一把抓住宋襄公，把他拖到楚国的车上，带回楚国去了。后来，楚成王觉得抓了宋襄公也没什么用，就把他放回去了。

泓水之战

从那时起，宋襄公对楚国怀恨在心，但是由于楚国兵强马壮，他也没什么办法出气。后来，宋襄公听说郑国最积极支持楚国为盟主，就想讨伐国小力薄的郑国，出出胸中的恶气。过了不

久，郑文公去楚国拜会楚成王。宋襄公认为机会来了，不顾公子目夷与大司马公孙固的反对，出兵伐郑。郑文公知道消息后，求救于楚成王，楚成王答应来救援郑国。

楚成王没直接去救郑国，而是统领大队人马直接杀向宋国。宋襄公这下慌了手脚，顾不上攻打郑国，带领宋军星夜往国内赶。待宋军在泓水边扎好营盘，楚国的兵马也来到了对岸。公孙固对宋襄公说："楚军到此只是为救郑国，咱们已经从郑国撤军，他们的目的也已达到了。咱们兵力小，不能硬拼，不如与楚国讲和算了。"宋襄公却说："楚国虽然人强马壮，可缺乏仁义。我们虽然兵力单薄，却是仁义之师。不义之兵怎能胜过仁义之师呢？"宋襄公又特意做了一面大旗，上面绣有"仁义"二字，要用"仁义"来战胜楚国的刀枪。

到了第二天天亮，楚军开始过河。公孙固向宋襄公说："楚军白日渡河，明明是小看我们。等他们过到一半，我们杀过去，定能取胜。"宋襄公却指着战车上的"仁义"之旗说："人家连河都没渡完就打人家，那算什么仁义之师？"等到楚军全部渡过河，在河岸上布阵时，公孙固又劝宋襄公说："趁楚军还乱哄哄地布阵，我们发动冲锋，尚可取胜。"宋襄公听到此话不由骂道："你怎么净出歪主意！人家还没布好阵，你便去打他，那还称得上是仁义之师吗？"

宋襄公的话才说完，楚军已经布好阵，列队冲了过来。宋军看到楚军凶猛胆都吓破了，掉头便逃。宋襄公亲自督战，但宋军

还没来得及冲上去，便被楚军围住了。混战中，宋襄公的身上、腿上几处受伤，幸亏宋国的几员大将奋力冲杀，才救出他来。等他逃命出来，宋军早已溃散，粮草、兵车全都被楚军抢走，那杆"仁义"大旗，也早已不知丢到何处去了。宋国的百姓对宋襄公都骂不绝口，宋襄公一瘸一拐地边走边说："讲仁义的军队就是要以德服人，我奉仁义打仗，不能乘人之危去攻打别人！"他身边的将士们听了，都在心中暗骂宋襄公是个蠢货、大草包。

宋襄公受了重伤，他在临终前，礼貌热情地接待了流亡中的晋国的重耳，预言重耳未来是天下的霸主，并且嘱咐太子"楚国是我们的仇人，一定要报泓水之仇。重耳以后一定能成就霸业，有困难的时候可以向他求援"。

后来，宋国面临楚国的攻击时，正是联合了晋国，大败楚兵于城濮，算是报了泓水之仇。很难想象一个愚蠢如斯的人，可以有如此先见之明，识人之眼。

宋襄公是历史上颇富争议的一个人物，赞美者认为他仁义有信，具有贵族精神；批评者认为他虚伪残暴，是假道学的典型。宋襄公虽然被后人列为春秋五霸之一，但实际上他并没有真正地得到过诸侯霸主的地位。客观地说，宋襄公虽然治国之才尚可，有仁义之心但不及上古先贤；短于外交，长于识人，综合来看是个中人之才。他虽然失败了，但是他有过理想，有过奋斗，是个性情中的真君子。虽然他的道德并非无瑕，但是至死坚持着自己的原则，没有屈服。

宋楚之战

仁者见仁，智者见智。宋襄公的泓水之败在智者看来大概是一场闹剧吧，但是在仁者看来，这也许更像一场悲剧，可悲的是宋襄公。

知识链接

春秋五霸

春秋时期，天子衰弱诸侯兴旺，周王室势力衰微，权威不再，已经无法有效地控制天下诸侯。一些强大的诸侯国为了能在政治、军事中占据主导地位，开启了激烈的争霸战争，相互之间合纵连横、东征西讨，前后共有数位诸侯依次成为霸主，史称"春秋五霸"。

霸，政之名，即伯，音转为霸，又称州伯、方伯，即诸侯之长。其职名为会诸侯、朝天子，实为胁迫诸侯、把持其政。"春秋五霸"是春秋时期特定阶段的历史产物，此时的诸侯争霸战争为之后战国时期的兼并统一战争做了先期准备。《史记》中的"春秋五霸"是齐桓公、晋文公、楚庄王、秦穆公、宋襄公，而《荀子·王霸》中的"春秋五霸"则是齐桓公、晋文公、楚庄王、吴王阖闾和越王勾践。中学历史教科书中兼顾了这两种说法。

宋襄公一向标榜"仁义"，在战争中也想亮出这面旗帜，哗众取宠。其实，在古代社会里，"仁义"不过是统治者欺骗人民、笼络人心的幌子。宋襄公尝过"仁义"的小甜头后，就不分场合、不分条件地到处搬用"仁义"，甚至在强大的敌人面前也来这一手。结果骗人害己，最后连自己的性命也断送了。泓水大败这一事实，本身就是对所谓"仁义"的虚伪性的绝大讽刺。事实上，仁义与否还是要有原则地选择，认清形势，因人而异，才能处理好人与人甚至是国与国之间的关系。

宋楚之战

邲城大战

——楚、晋两强再次相争

在春秋时期的争霸战争中，晋、楚两国算是老对手了。两国为争夺对中原地区的控制权展开了一系列针锋相对的战争。由于两国实力都很强大，所以各自有输有赢。公元前632年，楚国依靠强大的势力，欲称霸中原，北上争雄，却在城濮之战中折戟沉沙，反倒成就了晋文公中原霸主的地位，晋国也终于实现了"取威定霸"的政治、军事目标。楚国在此役中败北，楚庄王定要一雪前耻，而晋国也毫不相让。两强相斗，再次拉开纷争的大幕。

战争的起因

晋、楚城濮之战后，晋国长期称霸北方。楚国虽然受挫，但国力并未削弱，仍然为南方大国。南北两强虎视中

原，势均力敌，不断在争夺和控制中间地带诸中小国家上展开拉锯战。

公元前613年，楚庄王继穆王之位而成为国君，他重用孙叔敖、伍奢等贤臣，国势更加强大，于是加快了北进与晋争夺中小国家的步伐，并于周定王元年借伐陆浑之戎的机会，观兵于周疆，向周王室问鼎的大小轻重，想取周天子而代之。

知识链接

孙叔敖

孙叔敖，芈姓，楚国郢都（现在的湖北省荆州市）人。淮河洪灾频发，孙叔敖主持治水，倾尽家资，历时三载，终于修筑了中国历史上第一座水利工程——芍陂，造福淮河两岸的黎民。孙叔敖辅佐楚庄王施教导民，宽刑缓政，发展经济，政绩赫然。因出色的治水、治国、军事才能，孙叔敖后来官拜令尹，辅佐楚庄王独霸南方。因积劳成疾，英年早逝，终年38岁。

争取郑国是晋、楚两国斗争的焦点。郑国挡在晋军南下的路上，夹在晋、楚两国之间，为求自保只能采取楚强则服楚、晋强则服晋的策略。这就引发了晋、楚两国为争郑国而爆发的邲之战。

邲城大战

战争的经过

话说晋景公即位三年，听说楚王亲自伐郑，想要领教一番。于是拜荀林父为中军元帅，先縠（hú）辅佐；士会统率上军，郤克辅佐；赵朔统率下军，栾书辅佐。后来，听说郑国已降楚，晋军将佐就进与退的问题发生了一场争论。中军元帅荀林父说："郑国已经投降楚国了，救助已无济于事，不如等待楚军南归以后，再去惩罚郑国。这也是楚、晋两国争夺郑国的一贯方针啊。"

上军主帅士会赞同荀林父的意见，他说："没错，用兵之道，就在于观衅而动。楚国没有违反德、刑、政、事、典、礼等规矩，没什么可挑衅的，不可以抵敌。晋军应见机而进，知难而退，选择弱而昏昧者攻击。"

但中军副将先縠大唱反调，说："我们已经出动了军队，听说敌人强大就退兵，那不成懦夫了？既然身为军队主帅，就不能退后，你们可以走，但我不走。"先縠不听将令，率领所部渡过黄河南进。

下军大夫荀首认为先縠的军队很危险，遇敌必败。司马韩厥对荀林父说："彘（zhì）子（先縠名）以偏师陷落敌阵，你的罪过就大了。你身为元帅，全军不能团结一致，这是谁的罪过啊？失去军队，已经是很大的罪过了，不如进军吧。与其罪过一人，不如咱们六个人一起承担，这不就行了？"荀林父认为有道

理，遂率领大军渡过黄河。

楚军听说晋军渡过黄河，在内部也就战与和的问题产生了不同意见。楚庄王想要退兵，而他的爱臣伍参主战，令尹孙叔敖主和。孙叔敖对伍参说："去年攻入陈国，今日攻打郑国都没有事情。发动战争而不能取胜，就你的肉，够吃吗？"伍参反驳说："若战而胜利，孙叔敖就是没有谋略了。若战而不胜，我的肉将在晋军那里，您怎能吃到呢？"孙叔敖下令掉转车头，大旗反向，准备退兵。伍参对楚庄王说："晋国主帅只是个毛头小子，不能发布命令。其副将先縠刚愎自用，不肯尽全力拼命。这三个主帅独断专行，众将士不知道该听谁的好，这次晋师必败。而且，您如果要逃跑的话，怎么对得起社稷呢？"楚庄王无言对答，命令尹孙叔敖调转车头北上，大军驻扎在管地（现在的河南省郑州市）待命。

话分两头。且说郑襄公探知晋国兵力强盛，恐怕一旦战胜，将会讨伐郑国跟从楚国的罪过，于是召集群臣计议。最后，郑襄公同意先縠的建议，竟然与皇成约定攻打楚国。谁知郑襄公另外遣使往楚军中，也劝楚王与晋国交战。他这是两边挑斗，坐观成败的意思。孙叔敖考虑到晋国兵力强盛，对楚庄王说："晋人没有决战的意思，不如派人先去讲和，如果晋国不愿讲和，那就交战吧。先礼后兵，理屈在晋。"楚庄王表示同意，派蔡鸠居到晋国请罢战，修和气。蔡鸠居到了晋军的大营说明来意，荀林父高兴地说："这是两国的福气呀！"先縠却骂了蔡鸠居一句："你

邲城大战

夺我的属国，又以和局来敷衍我，便是我家元帅肯和，我先縠也决不肯。务要杀得你片甲不回，方见我先縠的手段！快去报与楚君，叫他早早逃走，保住性命！"蔡鸠居被骂一场，抱头鼠窜。快出营门的时候，又遇到了赵同、赵括兄弟。赵氏兄弟用剑指着他说："你要是再来，先叫你吃我一剑！"蔡鸠居出了晋营，又遇到晋将赵旃（zhān）。赵旃弯弓搭箭指向蔡鸠居，说道："你是小爷的箭头之肉，少不得早晚擒到！"

蔡鸠居回转本营，奏知楚庄王。庄王大怒，问众将士："谁人敢去挑战？"大将乐伯应声答："臣愿往！"乐伯乘单车，许伯驾车，摄叔为车右。许伯驱车如风，直逼晋营。晋军游兵十余人冲过来，乐伯不慌不忙，一箭发去，射倒一人；摄叔跳下车，又只手生擒一人，飞身上车而还。晋军知道楚将挑战杀人，下令兵分三路追击。鲍癸居中，左有逢宁，右有逢盖。乐伯大喝一声："我左射马，右射人，射错了，就算我输！"说着将雕弓挽满，左一箭，右一箭，忙忙射去，有分有寸，不差一毫。左边连续射倒三四匹马，马倒了车也就不能动了。此时，乐伯只剩下一支箭了，他搭箭上弓欲射鲍癸。乐伯心中暗想："我这支箭如果射不中，必定会遭对方的毒手。"转念之间，车驰马骤之际，突然从路边窜出一头麋来，从乐伯面前经过。乐伯灵机一动，一箭向麋射去，正好直贯麋心。

鲍癸见乐伯箭无虚发，心中正在惊惧，便假惺惺地感叹道："楚国将军还是很有礼貌的，我也不能没有礼貌。"于是率领众

将士回营。

晋将魏锜得知鲍癸放走了乐伯，心中大怒，说道："楚来挑战，晋国无一人敢出军前，恐怕为楚人所耻笑。小将愿以单骑闯关，探楚之强弱。"赵旃说："小将愿同魏将军走一遭。"

却说上军主帅士会听说赵旃、魏锜二将讨得差事去楚，慌忙来见荀林父，想要阻止。等赶到中军，二将已走了。士会私下对荀林父说："魏锜、赵旃血气方刚，不知进退，此行必定触怒楚国。倘若楚兵搞个突然袭击，我们该咋办呀？"先縠大叫："早晚灭了楚国。"荀林父在那儿干着急。士会退下后对郤克说："荀伯就是个摆设，我们要自谋出路。"于是，让郤克约会上军大夫巩朔、韩穿，各率本部兵马，分作三处，埋伏于敖山之前。中军大夫赵婴齐，也考虑到晋军失败后该怎么办，就预先派人在黄河边上放了几条船。

再说魏锜，一心猜忌荀林父为将，想要败坏他的名声。于是在荀林父面前他谎说去请和，到了楚军人营后竟私自请战而还。楚将潘党得知蔡鸠居出使晋营，受了晋将的辱骂，气就不打一处来，今日魏锜到此，正好报仇。于是潘党带兵追击魏锜。魏锜跑到大泽，见追将逼得很紧，正准备迎战，忽然看见沼泽中有六头麋，于是想起楚将战麋的故事，便弯起弓来，也射倒了一头，让车夫献给潘党，还说："前有乐将军赏赐，敬以回报。"潘党笑了，说："你是在照猫画虎。我追上你，显不出来我的水平。"也下令返回。魏锜回营后诡辩说："楚王

邲城大战

57

不准讲和，定要决一胜负。"荀林父问："赵旃在哪里？"魏锜说："我先走的，他在后面。"荀林父说："楚既然不准和谈，赵将军必然吃亏。"就派荀罃率钝车二十乘、步卒一千五百人迎接赵旃。

却说赵旃夜至楚军，坐在军门之外，取酒自饮。命令随从二十多人效仿楚国话语，四下巡逻，得到楚军口令，混入营中。楚军发现晋军混入营中，顿时乱嚷乱叫起来，举火搜贼。结果晋军被俘获十余人，其余的逃出楚营。第二天早上，赵旃亲自执辔鞭马，马饿得跑不动了。楚庄王听说营中有贼逃跑，亲自驾马引兵追赶，速度非常快。赵旃怕被追上，丢弃车子，跑到万松林内，却遇上楚将屈荡，二人展开厮杀。后来，赵旃将甲裳挂在松树上，轻身走脱。楚庄王正在追赶赵旃等人，忽听得南方鼓角喧天，为首一员大将领着一队车马风驰电掣般赶到。这员大将是谁？正是令尹孙叔敖。楚庄王心下稍稍平复，问："相国怎么会知道晋军来到，而来救寡人呢？"孙叔敖回答："晋军来不是臣所知道的，只是担心君王轻敌冒进，误入晋军。微臣救驾来迟，罪该万死。"

楚庄王见援军已到，立即下令出击。晋军全无准备，中军主帅荀林父见楚军大举来攻，前有强敌，后有黄河，心中慌乱，竟在中军敲响战鼓说："先渡过河的有赏！"于是晋军的中军、下军混乱中一起涌向河岸。晋军士卒争船抢渡，先上船者挥刀乱砍，船中断指之多，竟至可以捧起。楚兵人人耀武，个个扬威，

分明似海啸山崩，天摧地塌。晋兵则如久梦乍回、大醉方醒，还分不清东西南北，一时作鸟兽散状四下里溃逃，被楚兵砍瓜切菜般乱杀一通，只杀得四分五裂、七零八碎。

知识链接

寡 人

寡人，寡德之人。古代帝王的谦辞。寡人这个称号是在秦始皇之前的君主自称，春秋战国时期常用。而在其后，皇帝一般都以朕自称。历朝历代的体制、习惯各有不同，一般被封诸侯王者也可自称"寡人"。

战争的结局

溃散的晋军争舟渡河，喧嚣之声彻夜不绝。有些晋军的战车陷入泥坑无法前进，楚人便教他们抽去车前的横木；马仍然盘旋不进，楚人又教他们拔去大旗、扔掉辕前的横木，这样战车才冲出陷坑。晋军回头嘲笑楚人说："我们晋国在逃跑这方面是比不过楚军的。"第二天，楚军进驻衡雍，辎重到达邲地。楚王在衡雍祭祀河神并修筑楚先君的宗庙，向先君庙告捷而后凯旋。

邲城大战

邲之战以晋军惨败结束，但在失败中晋军也不是一无所获。晋下军大夫荀首之子荀知被楚国大夫熊负羁俘虏。荀首立即率所部族兵，由魏锜驾车向楚国反攻，下军士卒也多跟随，去寻找荀知。在反击中，晋军射杀了楚大夫连尹襄老，还俘虏了楚庄王的弟弟公子谷臣。

这年秋，荀林父率残兵回到晋国，自请死罪，晋景公本想答应，但经士贞子劝谏，晋景公仍用荀林父为中军元帅。

战争的影响

邲之战是晋、楚两强争霸中的一次重要战役。楚胜而晋败，郑国自然屈从了楚国。后来，楚庄王为控制整个中原又进击宋国。周定王十二年（公元前595）秋，楚庄王出师伐宋，经九个月围困，宋国陷入绝境，甚至到了"易子而食，析骸以爨"的地步。由于晋国无法相救，宋国于次年三月力尽而降楚。宋降楚后，鲁国也转而依附楚国。楚国又与齐国通好。一时中原形势完全落入楚国的掌握之中，楚庄王如愿以偿地取得了中原霸权。

邲之战的失败，虽然使晋国在与楚国的争霸中暂时处于下风，但并未伤及晋国的元气，所以晋国仍然有力量与楚国对抗，两国的争霸战争在新的条件下重新展开。

　　邲之战是晋楚之间的一场大战，同时也是春秋时期非常有意思的事件。这一战有三怪：第一，战斗本可以不发生，最终不可避免地发生了；第二，两强相遇，胜负本难料，可是战斗一打响，便胜负立判；第三，胜者并不想赶尽杀绝，甚至还帮助敌人撤退，而败者虽总体狼狈，却也不乏可圈可点之处。复杂性的背后包含着太多的必然与偶然。就必然论，战争意图不明必败，指挥不统一必败，刚愎自用必败，攻防不备必败等。就偶然论，灵活处置，把握好机会，则或能取胜。

邺城大战

弭兵之会

——楚晋争霸，平分天下

弭兵会盟是春秋时期重要的外交事件，共有两次，分别发生在周简王七年（公元前579）和周灵王二十六年（公元前546）。宋国执政华元、向戍先后分别召集晋、楚两国在宋会盟，平分霸权，平息战事。这两次弭兵会盟中比较有名的是在周灵王二十六年农历七月举行的那一次。宋国大夫向戍约晋、楚两国在宋国都城商丘（现在的河南省商丘市）开会，调停两国间的战争。会议约定各国间停止战争，奉晋、楚两国为共同霸主，平分霸权，除齐国、秦国外，各国须向晋国、楚国同样纳贡，谁破坏协议，各国共讨之。这次大会史称"弭兵会盟"。

合左师倡议弭兵

鄢陵之战后，晋国、楚国、齐国、秦国等春秋时期的强国都想再一次弭兵，却都不想主动让步。

有一天，晋国大夫赵武见院中粗壮的桐树开满了粉红色喇叭花，柳树垂丝，两只黄莺在树枝上欢快地叫着，引得廊下笼中的金丝雀不住地和鸣，温暖的阳光将大地上的一草一木烘染得更加妩媚动人。赵武想到再过几天就是清明了，到时候要去祭拜一下赵氏的列祖列宗以及义父程婴。想起自己一家的惨死和义父程婴的舍生取义，不禁满眼含泪。又想起了郤至、栾厌等人，原来在朝中是何等威风、何等风光，一招不慎，最后是满门抄斩、灰飞烟灭，心中不由一阵感伤：《易经》中说亢龙有悔，看来真是这个理。人到了大贵之时，到了最得意的时候，一定要有悔啊，只有谦虚、内敛、包容才能生存下去，才能永恒长久啊！

知识链接

《易经》

《易经》由三个部分组成：一是以伏羲八卦为始，那时并没有文字，所以用八卦来表示；二是周文王父子承接伏羲八卦，八八重叠生六十四卦，周文王父子认为六十四卦已包含宇宙万物，每一卦都有卦辞；三是孔子作传，又称《易传》《十翼》。

《易经》的发展过程。在夏朝时期产生了《连山易》，在商朝时期产生了《归藏易》，在周朝时期产生了《周易》。由于时间的原因，《连山易》和《归藏易》已失传，只剩下《周易》。所以《周易》出自《易经》。

《易经》是中国传统思想文化中自然哲学与人文实践的理论根源，是古代汉民族思想、智慧的结晶，被誉为"大道之源"。它还是古代帝王之学，政治家、军事家、商家的必修之术。《易经》涵盖万有，纲纪群伦，是汉族传统文化的杰出代表；博大精微，包罗万象，亦是中华文明的源头活水。

正在赵武沉思之际，管家赵安匆匆走进来禀报："老爷，宋国的左师向戌求见。"赵武吩咐道："请他进来。"向戌从门外满面笑容地走了进来，说："宋国小臣向戌给大人请安了。"这个向戌在宋国是个实权派人物，宋国的几任国君都很器重他。自华元之后，向戌采取了亲晋政策，对南方强大的楚国也采取谦恭亲和的态度，使得自楚庄王之后的几十年当中，宋国一直没有受到楚、晋两国的侵犯，反而跟在强大的晋国后面东跑西颠，不时地捞到一些的好处。这个向戌很善于与强者搞好关系，无论是晋国的魏绛、智䓨（yīng）、荀偃、范文子、士匄（gài），还是当时掌权的赵文子、赵武，他都过从甚密，就连楚国的令尹子重、屈建都和他关系不错。因此智䓨、荀偃、士匄奏请晋悼公姬周攻打偪（bī）阳，打下偪阳后，将其送给了向戌。向戌很会来

事，又将偪阳献给了自己的国君宋共公。宋共公因其功大，将合地封给向戌作为食邑，因此向戌又称合左师。

赵武笑道："左师请坐！"待其坐定，继续问道，"近日听说你们宋国太子被杀了，又立了新太子，是怎么回事？"向戌叹了一口气说道："回大人的话，都是一个情字闹的。周幽王宠爱褒姒，废长立幼，以致犬戎攻破都城，平王被迫东迁洛阳；晋献公姬诡诸是何等英雄的人物，荡灭虢虞，东征西伐，开疆拓土，何等英武豪迈，谁知年老昏聩，宠幸骊姬，冤杀太子申生，派杀手追杀流亡在外的公子重耳和夷吾，立幼子奚齐，以致国家动荡；还有齐灵公……"赵武笑着打断他的话："快说怎么回事，别说什么齐灵公、齐桓公了。"

"说起这个事情就要从芮司徒说起。我们这个芮司徒的夫人二十年前产下了一名女婴，全身皮肤赤红，且长有茸毛。芮司徒以为是妖怪，将其遗弃在河堤下，想任其自生自灭。事有凑巧，那一大先君共公的爱姬在河堤上游玩，发现了这个女婴。因共姬无子，见了这个女婴便十分怜爱，将其抱回来抚养，因这个女婴是被人遗弃的，故取名为弃。弃长到五岁的时候，共姬便教她识字念诗，并教她弹琴歌舞。这个弃姑娘也是冰雪聪明，无论是诗词歌赋，还是抚琴吹箫、唱歌跳舞一学就会，不过几年的工夫将这些技艺掌握得极为纯熟。在她十四岁的那一年，有一日国君子成去给共姬请安，共姬留子成吃饭。

"吃罢饭，共姬命弃姑娘出来献舞助兴。子成一见弃姑娘曼

65

妙的舞姿和美丽的容貌，当时就看得如痴如醉。歌舞一毕，共姬笑着让弃姑娘上前见礼，子成像看傻了似的，共姬推了他一把，他才回过神来。子成当即就向共姬表示，想娶这个弃为姬妾。共姬哪有不允的道理。国君将弃姑娘领到自己的寝宫里后，自是喜爱非常，一连三天没有临朝。一年后，弃姬产下一子，就是公子佐。虽然他的母亲长得极美，公子佐却长得相貌丑陋，但性格柔弱。太子痤长得仪表堂堂，但性格刚直，从不把老夫放在眼里。

"去年秋天，楚国的使臣出使晋国，路过敝国。敝国君命太子痤去郊外迎接，宦官惠墙伊戾也要求陪同前往。敝国君奇怪地问，你不是一向和太子不和吗？惠墙伊戾答道，小人一心事国，不闻别的。太子和楚使在郊外吃饭，惠墙伊戾在吃饭中途跑回去，向国君诬告太子与楚使盟誓，想要造反作乱。国君也觉得奇怪，身为太子，做什么乱呀？这个宦官说，想早一天当国君呀！国君一听勃然大怒，将太子抓了起来投在死牢。最后也没审讯，就把太子痤绞死了，随即封公子佐为太子。事后一查方知太子痤是被陷害的，敝国君一怒之下就将惠墙伊戾给烹了。"

赵武看着向戌笑道："我怎么听说，太子痤说只有公子佐能救他，贵国君说，中午之前公子佐不去见太子痤，说明他有罪，你合左师听说之后，在路上拦住公子佐说话，东拉西扯拖延时间，以致太子被杀，可有这事？我还听说，事后弃夫人，也就是那个弃姬还给你送去了宝马、璧玉。"

向戌红着脸，内心极为慌张，赔笑道："哪有这等事？当时那个宦官说他造反，国君的几个夫人可是没有一个替他说话的，这还不是太子平时太目中无人所致？小臣可是一心为国，从没有半点私心的。"

"哈，哈，哈！"赵武大笑起来，但内心对向戌充满了鄙夷与不齿，"左师何必惊慌？此乃贵国家事，与晋何干。左师到此有何见教？"

向戌忙说道："可不，一说笑话，差一点将正事忘了。小臣与敝国君想，我中国百余年来征伐不断，不是大国吞并侵犯小国，就是大国之间互相厮杀，一场战争下来，尸横遍野，血流成河。百姓流离失所，孤苦无依。因此，敝国君与小臣就想了一个消弭兵灾的办法，在我们宋国召开诸侯大会，推选盟主维持天下太平，我等诸侯国向盟主国每年上贡礼品。如果哪个国家不遵从，再起杀伐，侵犯别的国家，盟主可率天下诸侯共同讨伐。如此，就可以从此天下太平了，百姓们也能安居乐业了。"

赵武稍一思索，问道："楚国是什么意思？"

向戌忙笑道："看我差一点忘了，在来贵国之前，小臣先去见了楚国的令尹屈建，令尹大人已经答应参加弭兵之会。"

赵武说道："既然楚国同意了，我们晋国也会同意的。不过我要召集其他五卿商议，然后奏请国君同意才行。单我们晋、楚两家同意还不行，东边的齐国，西边的秦国，也是大国，势力也不弱呀，也得征求人家同意。另外，像燕国、吴国、郑国、曹

弭兵之会

67

国、陈国、蔡国、许国、卫国等国也得通知到会才行。少一个国家都不行呀。"

"大人所虑皆是，这一点敝国已经考虑到了。国君命我出使楚国、晋国、秦国、齐国四个大国，其他国家已经派了别的使臣前去通知了。"

"很好，左师现在可以去秦国和齐国了，我们一定会派人赴会的。"

向戌大喜，忙向赵武施了一礼，退着出了屋子。赵武叫来管家吩咐道："将大夫们请来，商议国事。"

不一会儿，韩起、范鞅、荀吴、魏赢、羊舌肸（xī）等人来到了议事大厅。赵武将向戌的建议向大家说了一遍，韩起说道："兵器者，民之残也，既耗费了国库的银子，也会给小国带来灭顶之灾。既然有诸侯国存在，又怎么能消灭兵器带来的灾难？虽然实际上不可行，但也要答应下来才是。晋国若不去，楚国去了，楚国必定赢得诸侯们的信任和好感，我们晋国今后还有什么资格当盟主呢？"

范鞅、羊舌肸等人齐声说道："韩起大人言之有理，我们晋国理应赴会。"

赵武笑道："我也是这么想的，既然诸位都认为要去，那么我赵武将亲自参加。"

各诸侯心怀鬼胎

公元前546年，农历五月，赵武带着荀盈、羊舌肸一行来到宋国的都城（遗址在现在的河南省商丘市睢阳区附近），郑国的良霄也来了。宋平公子成亲自设宴款待赵武一行。到了六月份，鲁国的叔孙豹，齐国的庆封、田文子，楚国的屈建也来了。到了开会这一天，楚国、晋国、齐国、秦国、鲁国、郑国、陈国、蔡国、卫国、曹国、滕国、邾国、许国十三个国家，加上宋国共有十四个诸侯国家参加。虽然燕国、吴国等几个国家没派人来，但也算规模空前了。宋平公子成为能主持这样的大会感到兴奋异常。他大声地对诸侯们说道："兵器，乃是凶器，不祥之物。自平王东迁以来，诸侯争战从未休止，最受苦的是天下的老百姓，最受苦的是我们这些小国家。武王定鼎天下的时候，分封的诸侯最少也有上千个，天下的诸侯臣子们都享受着太平盛世，都能和睦相处。然而近一百多年，天天都在打仗，年年都在征伐，大国欺负小国，大家可以算一下，现在诸侯国剩下不到二十个。战争给诸侯们、给人民带来了沉重灾难，百姓们都活不成了。"

楚国的伯州犁大声说道："少说屁话，你们不是提议弭兵嘛，说说怎么个弭法。"

宋平公子成忙笑道："太宰大人说得很对，我就不啰唆了。我的建议是大家商量一下，推举一位盟主，我们这些小诸侯国每年给盟主送上贡品，盟主必须保护我们不受兵灾。哪个诸侯若违

背了盟约，盟主就带领大家去讨伐他。"

羊舌胖说道："我们晋国本来就是盟主，何必要推选呢？"

伯州犁笑道："你们的那个盟主，我们不承认。我们楚国也是盟主呢，不信你问一下蔡国、陈国。"

荀盈叫道："你们楚国的盟主是假的，是自封的，不算数。"

伯州犁厉声喝道："谁敢说我们是假的？"说罢，就拔出了宝剑。

向戌一见连忙笑着向屈建、赵武作揖，说："请双方息怒，请两位大人约束好自己的手下，本来是弭兵之会，怎么能动起了兵刃？"

屈建稍加思忖后，对向戌说道："你去告诉晋国，我们互相承认。我们承认晋国是盟主，你们北方也承认我们楚国是盟主。"

向戌向赵武鹦鹉学舌般说了一遍，赵武说道："我们同意，但是秦国、齐国与晋、楚相比，规模实力不相上下，我们不能让齐国屈服，就好比楚国不能让秦国屈服一样。因此，齐、秦两国不在进贡之列。你去告诉他，看他们同意不同意。"

向戌又将赵武的话传给了屈建。屈建说道："这个我不能做主，我立即派人禀报我家大王，再作决断。"

晚上，宋平公准备好酒水，分别送到各国使臣的驻地，自己则亲自陪着赵武饮酒，让向戌陪着屈建饮酒，顺便等待楚王的消息。半个月后，楚康王传来命令，同意晋国的意见，除了齐、秦

弭兵之会

两国，其他诸侯必须既给晋国上贡也给楚国上贡。

和平的曙光初现

向戌得到消息后，高兴地跑去告诉赵武等人："楚王已经同意了。敝国君安排三天以后，大家在西门之外签订盟约。"齐、秦两国的使臣想，既然这事与我们没有关系，留在这里干什么，一商量就立即动身回国了。

羊舌肸等人对赵武说道："臣观楚国气氛甚为凶恶，签盟恐怕很难。"

赵武道："不用担心，我带了一支兵马驻扎在北郊外，宋国又是晋国的盟国，他能奈我何？"

伯州犁见屈建命令随从里面穿着盔甲，就劝道："这么多诸侯来参加的会议，我们这样做，如何取信于诸侯？请令尹大人下令，去除盔甲。"

屈建道："太宰真是迂腐之极！晋、楚无信已经很久了，我们楚国来了，就是要争利的，对敌人讲什么诚信。"

向戌知道了这个消息，告诉了赵武。赵武不禁担心起来，对羊舌肸等人说道："蛮楚，无道无信之国呀。宋襄公召集诸侯，楚成王与将军子玉等人内穿盔甲，在会场上就把宋襄公给俘虏了。难道他们要故伎重施？"

羊舌肸道："大人无忧。臣谅楚国不至于动武。当着天下人的面，不讲诚信，还能干成什么大事。今天是弭兵之会，他们敢

以兵刃犯我？谅他们不敢。"

结盟这一天，正好是七月份。盛夏之际，火辣辣的太阳照在大地上，树叶被太阳晒得有点发卷了，蝉在树枝上声嘶力竭地叫着。虽然有人掌扇，但与会的使臣们被太阳烤得汗流浃背，耐着性子终于听宋平公念完盟书，饮完了鸡血酒。楚国的屈建嚷着先签名，赵武正欲发火，羊舌肸一拉他的袖子劝道："要务德，何必争先？"他就退了下来。屈建先签完字后，紧接着晋国、宋国、郑国、卫国、陈国、蔡国、许国的使者也先后签了字，只有滕国和邾国的使者不肯签。鲁国的叔孙豹一咬牙说道："我们鲁国和宋国、郑国一样，他们签，我们也签。"当即也签了名。

此次会盟为争霸的各国提供了喘息的时机，也为苦于战争的人民带来了一个相对比较安宁的社会环境，促进了中原各国社会的恢复与进步，为日后的中原统一奠定了经济、文化和军事方面的基础。

弭兵之会

　　古往今来，战争与和平始终是一个值得人们思考的问题。春秋时期，群雄并起，齐桓公位列五霸之首，并非因其战功最多、兵众最强，相反却是因为其更注重政治、重视民生，希望能够通过不得已的战争，使中原百姓不再遭受外族入侵之苦。反观齐桓公之后的盟主，不过尽是一些军阀，完全没有匡世救民的志向，只是希望通过兼并战争扩大自己的地盘，攫取更多的利益。弭兵之会无非是他们逐利恶斗期间一个短暂间歇而已，根本就不是真正的和平，相反是走向更大规模兼并战争的一次力量蓄积。

季札德行二三事

季札（公元前576—公元前484），姬姓，名札，又称公子札、延陵季子、延州来季子、季子，春秋时吴王寿梦的第四个儿子，封于延陵（现在的江苏省常州市一带），后又封州来。传说他为避王位"弃其室而耕"于常州武进焦溪的舜过山下。季札不仅品德高尚，而且是具有远见卓识的政治家和外交家。他广交当世贤士，对促进华夏文明做出了贡献，死后葬于上湖（现在的江苏省江阴市申港镇）。季札到底有哪些光辉事迹，且听下文一一道来。

季札让国

吴王寿梦有四个嫡子，长子叫谒（诸樊），次子叫余祭，三子叫夷昧，四子叫季札。季札年纪最小，却非常有才干，他的

哥哥们都很喜欢他。寿梦临死的时候，想把国君之位传给季札，但季札不肯接受。他的哥哥们就商量说："现在就把国家交给季子，他一定是不愿接受的。不如这样吧，我们不将君位传给儿子，而是传给兄弟，这样总能传到季子手中。"就这样，哥哥们轮流做国君。当他们做国君的时候，都非常勇敢，不怕牺牲，并且每餐吃饭总是祷告苍天："如果上天保佑吴国，就让我早点受难吧。"后来谒死了，余祭做了国君；余祭死了，夷昧做了国君。等到夷昧死后，就轮到季札做国君了。可是此时季札正出使在外国，因此寿梦小妾所生的儿子僚就趁机即了君位。等季札出使完毕，一回到吴国，就将僚当作自己的君王。可是诸樊的儿子光十分不满，他私下说："先君不传位给儿子而传位给弟弟，都是因为季子的缘故。若是遵照先君的遗嘱，就应该让季子来做国君。若不遵照先君的遗嘱，那么做国君的就该是我，哪里轮得到僚呢？"于是光找来刺客专诸，用鱼肠短剑将僚刺杀了。这以后，他又将国君之位交给季札，季札却不肯接受。季札说："你杀了我的君王，我又接受你给的君位，那不是和你一样成篡位之人了吗？你杀了我哥哥，我又将你杀了，这样父子兄弟相互杀戮，什么时候才可以结束呢？"季子说完这话，就离开国都到了延陵这个地方，此后他一生之中，都再没有回过吴国宫廷。

延 陵

延陵，古邑名，本为春秋吴邑，季札所居之封邑。延陵郡为中国十大姓之一的"吴"姓的郡望。《史记·吴太伯世家》中记载："季札封于延陵，故号曰延陵季子。"《汉书·地理志上·会稽郡条》中记载："毗陵，季札所居。江在北，东入海，扬州川。莽曰毗坛。"师古曰："旧延陵，汉改之。"《后汉书·郡国志四·吴郡条》中记载："毗陵，季札所居。北江在北。"注引《越绝书》曰："县南城，古淹地（现在的江苏省常州市武进区淹城遗址）。上湖中冢者，季子冢也。名延陵墟。"

两汉时期，延陵更名为毗陵。三国时期，人们仍习惯于将季札所居之地称为延陵；与此同时，延陵也成为季札这位历史人物的代称。

以前寿梦做吴王的时候，中原诸侯都把吴国当作蛮夷，不承认他们有国君、有大臣。可是到了季札这里，大家都认为季札是个贤臣。既然有了臣子，怎么能够没有国君呢？故而从此以后，诸侯才承认了吴国的存在。这一切，都是因为季子仁厚贤能的缘故啊。

季札挂剑

吴国的四公子季札为人十分重义气，对功名财富看得很淡，因此在吴国很有贤名。吴王寿梦曾经想立他为太子，但季札怎么也不肯接受，并且尽心尽力地辅助兄长诸樊治理国家，受到了大臣们和百姓们的爱戴。

公元前544年，季札奉命出使鲁、齐、卫、晋等国。途中经过徐国，徐国君主十分好客，且久仰季札的大名，就挽留他住了几天，天天设宴款待，并且让太子和大臣们出席作陪。

季札文武双全，剑术精湛。席上，徐君乘兴请他一显身手。季札推辞不过，走下殿来。只见他的剑刚出鞘，满殿银光四射。徐君看得眼睛也直了，连连称赞："好剑！好剑！"

舞罢剑后，季札回到座位上。徐国的大臣们纷纷交口称赞，上前敬酒。这时，徐君已经深深地喜欢上了这把好剑，眼光不住地瞟向它。但想到自己和季札不过是初次见面，徐君不好意思开口。

季札早已看出了徐君的心思，只是由于自己出使的任务还没有完成，因此不能把这把标志着使者身份的宝剑送人。他决定等自己的使命完成后，回来经过徐国时，再将这件吴国的国宝送给徐君。

离开徐国后，季札风尘仆仆地访问了各国。当他重新回到徐国时，突然传来了一个噩耗——徐君在不久前出访楚国时，在路上不幸暴病而亡。

季札听后非常震惊，他深深地自责，当初为什么没有立即把宝剑赠给徐君，以致留下了无法弥补的遗憾。经过慎重的考虑，季札马上命令驾车前往王宫，准备把宝剑送给徐国的新君。

随从的官员劝季札说："季子，这是吴国的国宝，送人恐有不妥吧？"

季札说："当时，徐君想要这把剑的时候，我在心里已经答应他了，只是因为使命没有完成，不便将宝剑送给他。现在徐君去世，我就心生反悔，这不是一个正直的人所应该做的。"

季札见到徐国的新君，对新君说明了来意后，呈上宝剑。新君连忙辞谢说："先君并未留下遗命，寡人不敢接受这样贵重的礼物。"

季札没有办法，只好来到徐君的墓地，把宝剑挂在墓旁的树上。徐国的百姓知道季札的这一举动后，对他恪守信用的美德都赞不绝口。

后来，"季札挂剑"这一典故，被用来表示对亡友的吊唁、追怀，或被用来形容恪守信义。

季札观周乐

吴王余祭在位的时候，有一次派他的弟弟季札做使者，到各个国家去访问。季札是有名的贤人，每个国家都很欢迎他。

他来到鲁国，鲁襄公热情地设宴款待，还热心地询问季札有什么要求。季札说："我听说因为周公制礼作乐的缘故，鲁国

保存了一套周天子的礼乐。这在别国是看不到的，我很想观摩一番，不知贵国是否允许？"鲁襄公爽快地同意了。

于是，鲁国的乐队、唱诗班、舞蹈队开始为季札表演礼乐。最开始是依照顺序演出十五国风。不过，季札在观看演出的时候不知道每组诗章的题目，他只能通过自己的鉴赏给出论断。

知识链接

《诗经》

《诗经》总共有305篇诗歌，又被称为"诗三百"。《诗经》中的诗歌多以四言为主，兼有杂言。赋、比、兴是《诗经》的表现手法。风、雅、颂是按照音乐的不同对《诗经》的分类。

"风"又叫"国风"，是各地的歌谣。"风"包括周南、召南、邶风、鄘风、卫风、王风、郑风、齐风、豳风、秦风、魏风、唐风、陈风、桧风、曹风十五国风，大部分是黄河流域的民歌，小部分是贵族加工的作品，共160篇。

"雅"包括小雅和大雅，共105篇。"雅"基本上是贵族的作品，只有小雅的一部分来自民间。

"颂"包括周颂、鲁颂和商颂，共40篇。"颂"是宫廷用于祭祀的歌词。

首先歌咏的是《周南》和《召南》。季札看了以后评论说："真美妙啊！似乎看出周朝教化的雏形已经具备了。虽然还不是尽善尽美，但人民已经没有什么怨言了。"

接着又演出《邶风》《鄘风》《卫风》。季札评论说："真美妙啊！虽然人民尚有痛苦，但主政者的德泽使他们不致困穷。这大概是卫国康叔、武公时期的诗吧！"

下面是《王风》。季札说："真美妙啊！我似乎觉察到人民的忧患，但他们心中并没有恐惧感。这应该是平王东迁以后的诗吧。"

听了《郑风》之后，季札说："音节太烦琐，就像郑国的政令一样。严苛的法律让百姓无法忍受，我看郑国有亡国的危险。"

《齐风》演出之后，季札赞美说："真美妙啊！音乐深远宏大，有泱泱东海大国之风，姜太公实在是东方诸侯的表率，齐国的未来不可限量呀！"

接着是《豳（bīn）风》。季札评论说："真美妙啊！让我感受到民众的欢欣愉悦，而这快乐的感情又能有所节制，应该是周公东征时留下来的。"

季札评论《秦风》说："乐章宏大到了极点，好像是周室旧地的诗篇。"评论《魏风》说："很美妙。音调中正平和，如果能辅以德政，自然有所作为。"评论《唐风》说："诗人的忧思很深邃啊！如果不是陶唐氏的遗风，怎么会有这么深远的忧思呢？"又批评《陈风》说："曲风太放荡，毫无节制，这个国家

季札德行二三事

一定政治昏乱，估计也不会久远的。"

《邶风》和《曹风》演奏完后，季札默然地坐着，不予置评。

十五国风表演完毕，接下来是《雅》和《颂》。季札先观摩了《小雅》，赞许地说："很优美！这曲子虽然有哀思，却没有二心；虽然有怨愤，却没有怨言——这大概是周德衰败的时候，那个时候还有先王的遗民在呀！"

欣赏了《大雅》，季札景仰地说："多么广阔啊！多么和谐安乐啊！音乐的曲调是抑扬顿挫的，音乐的本质精神却是正直无私的，这就是周文王的盛德吧！"

欣赏了《颂》，季札赞不绝口地说："美到极致了啊！正直无私却不倨傲，曲折委婉却不屈从，亲近密切却不冒犯，独立自在却不离间，迁徙辗转却不淫邪，反复往来却不厌倦，悲伤痛苦却不消沉，开心喜悦却不放纵，德泽天下却不匮乏，心底宽广却不炫耀，施予恩惠却不铺张，有取所需却不贪婪，处静平和却不僵化，行动果敢却不轻浮。五音有序，八风克谐，体现了节度和秩序中和协调的美感。虽然这些曲子赞颂的好像是不同时代的贤明君主，但他们的盛德都是一致的啊！"

其后表演的是前代的舞乐。看了文王时期的《象箾（shuò）》《南籥（yuè）》，季札心情愉悦地说："很优美，但是好像表露出一点遗憾。"看了武王时期的《大武》，季札高兴地说："真好啊，周德极盛时期的音乐就该是这样的！"看了商汤时期的乐舞《韶濩（huò）》，季札若有所思地说："圣人的德行那么广

大，却还有缺憾的地方，做圣人确实不容易呢！"接着是夏禹时期的《大夏》，季札频频点头议论道："伟大啊！为国为民那样勤勉却不自以为有功，除了大禹谁能做到呢?"

最后，鲁国乐舞队表演了虞舜时期的乐舞《韶箾》。季札看完以后惊喜不禁，起身向鲁襄公行礼道："这支乐舞表现的盛德已经达到极致了，就像辽远的天穹无不覆盖，就像广袤的大地无不承载。再高尚的德行，恐怕也很难超过这种境界！我已经领略到尽善尽美，不能继续欣赏下去了。请停止演奏吧，即使还有其他的乐舞，我也不敢再请求观赏了。"

<智慧点津>

季札不仅是一位杰出的外交家，还是一位才华出众的文艺评论家。公元前544年，季札奉命通好北方诸侯，在鲁国欣赏了周代的经典音乐、诗歌、舞蹈，他当场结合当时社会的政治背景，一一作了精辟的分析和评价。季札又是一个重信义的人，所以我们要向季札学习，做一个谦谦君子，重承诺、守信义。季札这样的品质，到现在仍然值得我们发扬和提倡。

季札德行二三事

竖牛之乱

——想做一家之长的私生子

叔孙豹（？—公元前537），姬姓，叔孙氏，名豹，谥号曰"穆"，故史称叔孙穆子（亦称叔孙穆叔），春秋时鲁国大夫。他曾做过鲁国的执政官。执政期间，他做事不卑不亢、堂堂正正，在复杂的诸侯国环境中维护了鲁国的尊严。在一次外交活动中，晋国大夫范宣子问叔孙豹怎样才算是"死而不朽"，叔孙豹答："太上有立德，其次有立功，其次有立言，虽久不废，此之谓不朽。"有意思的是，史书并没有因为叔孙豹是个贤大夫就"为尊者讳"，而是忠实地记下了他的一笔风流债。

竖牛儿堂上认父

一次，叔孙豹出使齐国，途经庚宗（现在的山东省泗水县东），饥饿难忍，就跑到一个女子的家中，请她给自己弄点吃

的。女子给他做了一顿饭。吃饱之后，叔孙豹又发现这女子姿色美艳，含情脉脉，于是他就在女子家中住了一夜。一夜风流之后，叔孙豹就把这个平民女子给忘了，他后来娶了齐国贵族国氏之女为妻，生下孟丙、仲壬两个儿子。

一天夜里，叔孙豹梦见天塌下来压向自己，惊恐之际，他看见一个黑面驼背、深目猪嘴模样的壮汉。他赶紧呼救："阿牛呀，快来帮我！"结果，那个壮汉果然帮助他把天给顶住了。第二天，叔孙豹召见所有的族人和部下，也没发现哪个人像梦中的壮汉。

到了鲁成公十六年（公元前575），叔孙侨如被鲁国执政官季文子驱逐，叔孙豹则继承了叔孙氏的卿位。这个时候，那个曾经与叔孙豹一夜风流的庚宗之女找来了，她献给叔孙豹一只野鸡作为见面礼，并告诉叔孙豹："咱们的儿子已长大了，能拿着野鸡跟随我了。"随后就让儿子来认爸爸。叔孙豹一听，天哪，我干的这叫什么事啊！什么时候突然冒出一个儿子来了？在疑惑之际，他定睛一看，这不正是梦中帮助自己顶住天的那个壮汉吗？就不禁喊了一声"牛儿"。那个孩子也毫不迟疑地喊了一声"爹"。

竖牛之乱

知识链接

鲁成公

鲁成公，即姬黑肱，为春秋诸侯国鲁国君主之一，是鲁国第二十一任君主。他是鲁宣公的儿子，母亲是穆姜。他承

袭鲁宣公之位担任鲁国君主，在位18年。其子襄公姬午继位时，年仅三岁。鲁成公长大后在政治上很不得意。他到晋国时没有得到晋景公的尊重，想要叛晋而投楚。他的大臣季文子虽对晋景公不满，却不同意鲁成公的想法，说楚国"非我族类"，不可信任。这件事虽说是重视华夏族的凝聚，但也反映出狭隘的民族观念。

私生子意图篡位

到了鲁昭公四年（公元前538），叔孙豹年老体弱，卧病在床。此时，私生子竖牛已经长大成人了，但他不满足于现状，于是开始谋求篡位。他利用主持家政的便利条件，用欺上瞒下、挑拨离间等种种手段，杀害了孟丙，驱逐了仲壬。

叔孙豹卧病在床，本指望竖牛能照顾自己，可是竖牛使出了阴招。他一方面以叔孙豹病重为由，拒绝任何人探视叔孙豹；另一方面，每天装模作样地给叔孙豹送饭，却中途将饭菜倒掉，听凭叔孙豹病饿而死。

叔孙豹死后，竖牛立叔孙豹的庶子叔孙昭子继承了卿位。他认为，叔孙昭子既然是自己立的，当然会受自己的控制。可是聪明反被聪明误，叔孙昭子继位之后竟然当众宣布竖牛的罪状，说："竖牛祸乱叔孙家族，杀嫡立庶，分裂封邑，罪大恶极，必速杀之！"

嫡 庶

嫡庶是中国古代婚姻制度的核心内容。中国古代实行一夫一妻多妾制度，但各个妻妾之间的地位是不平等的，这种差别就是嫡庶之分。嫡是指正妻及其所生子女，庶指姬妾及其所生子女。嫡庶的差别在唐、宋以前比较重要，经元、明、清而逐渐减弱。正常情况下，在一夫多妻的家庭里面，一个男子只能有一位正妻，称为嫡妻。嫡庶，指嫡子与庶子，语出《列子·命》"齐公族多宠，嫡庶并行"。

遭到追杀之后，竖牛只好仓皇出逃，逃到齐国的时候，恰好被孟丙、仲壬的儿子逮了个正着。两人杀死了竖牛并把他的脑袋挂在荒野的树上。鲁国叔孙氏的"竖牛之乱"到此结束。

"竖牛之乱"的实质是备受宠爱的私生子要"革"老爸的命，抢夺家族的实际控制权。此事至少能说明两点：其一，礼崩乐坏的时代，一些人的公德和私德往往难以统一，公德不错的人，私德有时反而很差。叔孙豹是春秋时期的贤大夫，很有声望，但他搞一夜情，还宠爱私生子，私德太差。其二，儒家讲"修身、齐家、治国、平天下"，这是一种理想的状态。现实中，我们常常看到一些人治理国家、管理普通百姓有一套，"齐

家"方面却是一塌糊涂。叔孙豹有治国之才，搞外交更是高手，这样一个人却被私生子玩得团团转，让人大跌眼镜。

<智慧点津>

　　竖牛是私生子，在其成年走投无路之际投奔其父叔孙豹，他享有了得天独厚的资源，本可以凭借自己的聪明才智做出一番事业，他却因为对财富和地位的贪恋，使用阴谋手段陷害两位兄弟致死，又饿死其父祸乱家室，终落得身首异处的境地。可见人要学会感恩，控制贪欲。

竖牛之乱

晏子与齐景公

——冤家君臣一台戏

晏婴，字平仲，又称晏子，是齐国上大夫晏弱之子。齐灵公二十六年（公元前556），晏弱病死，晏婴继任为上大夫。历任齐灵公、庄公、景公三朝，辅政长达四十余年，以有政治远见、外交才能和作风朴素闻名于诸侯。他聪颖机智，能言善辩，内辅国政，屡谏齐王。司马迁非常推崇晏婴，将其比为管仲。孔子也曾称赞他说："救民百姓而不夸，行补三君而不有，晏子果君子也！"

不畏强暴的晏子

崔杼之乱后，晏婴听说齐庄公为崔杼所杀，不顾个人安危，毅然带着随从前往齐都去吊唁。晏婴来到崔杼家门前，他身边的人担心地问："您将为国君殉葬吗？"晏婴说："国君又不是我一

个人的国君，我凭什么为他而死？"有人问他："那么我们何不逃跑呢？"晏婴说："难道国君的死是我的罪过？我为什么要逃跑？"有人又说："既然不为国君殉葬，又不想逃亡，那我们还是回去吧。"晏婴说："国君都死了，我们能回到哪里去呢？作为万民之主，应该管理国家，而不是欺凌百姓；作为国君的大臣，应当主持国政，而不仅仅是获取俸禄。所以君主若为国家而死，那么臣下就应该为他而死；君主若为国家而逃亡，臣下就应该跟他逃亡。但如果君主只是为自己的私欲而死，为个人的事情而逃亡，除了他宠爱的人，谁会承担责任，为他而死，为他而逃亡呢？"说罢，晏婴径自闯进崔家，脱掉帽子，扑在齐庄公的尸体上哭了几声，然后起身离去了。崔杼左右欲杀掉晏婴，崔杼却对身边的人说："他是百姓所景仰的人，杀了他，我会失去民心的。"

杀死齐庄公后，崔杼便和庆封拥立齐庄公的异母兄弟杵臼为国君，是为齐景公。为了巩固权势，树立威信，崔杼把满朝文武大臣都驱赶到太公庙里，还派兵内外把守，逼迫大家歃血为盟，效忠于他，稍有违迕，即被处死。轮到晏婴时，大家屏住呼吸，目不转睛地注视着他。但见晏婴从容举杯，义愤填膺地对天盟誓："我只忠于君主和国家，凡为虎作伥、助纣为虐者均不得好死！"说罢，一饮而尽。崔杼恼羞成怒，恶狠狠地用剑顶着晏婴的胸膛，要他重新发誓。晏婴毫不畏惧，厉声回答："不管你是用刀砍头，还是用剑穿胸，我晏婴决不屈服！"崔杼怒

不可遏，正要杀晏婴，这时，身边的一个心腹悄悄地对他说：
"千万使不得！您杀庄公，是因为他无道，国人反应不大；您
如果杀了晏婴，那可就麻烦了。"崔杼拿他无可奈何，咬牙切
齿地看着晏婴拂袖而去。晏婴登上马车，车夫立刻快马加鞭，
赶紧离开这是非之地，以防不测。晏婴却若无其事，从容不迫
地对车夫说："安稳一点，不要失态。快了不一定就有活路，慢
了也不见得就会死。鹿生长在山上，可是它的命掌握在厨师手
里。如今，我也像鹿一样。"晏婴一路平安到家，最终也没遭
到迫害。

智谏景公是忠良

一天，齐景公召见晏婴请教如何兴国安邦，他也希望有朝一
日能够光复先君齐桓公的伟业，重振雄风。晏婴听后沉吟片刻，
说道："臣陪大王微服察访一下民情，回来后再议兴国大计，如
何？"齐景公觉得很新鲜，便同意了。君臣二人来到京都临淄的
闹市，走进了一家鞋店。鞋店里摆放着各种各样的鞋子，品种齐
全，但是无人问津、生意清淡，与此同时却有不少人都在店里买
假脚。齐景公对此十分吃惊和不解，便问店主是何缘故。店主
神色凄然地说："当今国君滥施酷刑，动辄对人施以刖（yuè）
刑，很多人被砍去了脚，不买假脚如何生产和生活呢？"齐景
公听罢内心很不是滋味。在回宫的路上，晏婴见齐景公闷闷不
乐，于是说道："先君桓公之所以建立了丰功伟业，是他爱恤百

姓，廉洁奉公，不为满足欲望而多征赋税，不为修建宫室而乱差役百姓，选贤任能，国风清正。君臣戮力同心，才取得了雄视天下的地位。如今大王亲小人，远贤良……"没等晏婴讲完，齐景公便打断了他的话："相国不必说了，寡人已经明白了。寡人也要效法先君，光大宗祠社稷。"

齐景公嗜好歌舞，女乐倡优遍及后宫。一次，乐不思政的齐景公问晏婴，自己有没有可能像先祖桓公那样称霸诸侯。晏婴立即回答："桓公之时，十分注重选贤任能，以鲍叔牙、管仲为左膀右臂。当今您呢，却是左倡右优，加之还有进谗言的居前，拍马屁的在后，又怎能有桓公的霸业！"齐景公不仅没有接受晏婴的劝诫，反而还兴师动众，役使大批民工破土兴建亭台。当时正值秋收季节，民工们却不能回家去收割庄稼，一个个敢怒而不敢言。正当大家叫苦不迭之际，一贯喜欢奢华的齐景公又在为亭台的开工举办大型饮宴了。晏婴前往陪侍，忧心忡忡。待酒过三巡之后，晏婴即席起舞，他自舞自唱道："岁已暮矣，而禾不获，忽忽矣若之何？岁已寒矣，而役不罢，惙惙矣如之何？"唱完后随之热泪横流。酒酣耳热的齐景公见此情景，也感到不安，遂把亭台的工程停了。

齐景公非常好色贪杯，一次，他抱着美女饮酒七天七夜还不停杯，弦章只好进谏："您饮酒七天七夜了，我请求您停止。不然，请您把我杀了。"这时，晏婴正好也入见。齐景公就对他说："弦章竟然这样来阻止我饮酒作乐。如果我听从他的，岂

不是让臣子反过来管我了吗？如果把他杀了，我又舍不得。"晏婴回答："弦章幸遇明君！如果他碰到殷纣那样的昏君，早就死了。"齐景公闻言顿感惭愧，便停止了饮酒。

晏子智斗楚灵王

晏子出使楚国，楚灵王知道晏子身材矮小，就命人在大门旁边开了个小门，请晏子从小门进去。晏子知道楚王要戏弄他，便严词加以拒绝。他说，到了狗国，才走狗洞，我现在是出使楚国，不应该走狗门。接待晏子的官员只好请晏子从大门进去。晏子拜见了楚灵王，楚灵王问："齐国没有人可派吗，竟派你做使臣？"晏子回答说："齐国首都临淄住满了人。人们把袖子举起来，可以遮住太阳；甩一把汗，就是一阵雨；街上行人肩膀擦着肩膀，脚尖碰着脚跟。怎么说齐国没有人呢？"楚灵王又问："既然如此，那么为什么派你出访呢？"晏子答："我们齐国派使节出访很有讲究，对那些精明能干的人，就派遣他们出使那些道德高尚的国家；对那些愚蠢无能的人，就派他们出使那些不成器的国家。我是使臣中最愚蠢、最无能的人，所以就派我出使楚国来了。"晏子一番话，让楚国君臣们面面相觑，半天说不出话来。这个时候，两名官员绑着一个人来到楚王面前。楚灵王问道："绑着的人是做什么的？"官员回答："他是齐国人，犯了偷窃罪。"楚灵王看着晏子说道："齐国人本来就善于偷东西吗？"晏子离开座位回答道："我听说淮南的柑橘又大又甜，种

到淮北就只能结又小又苦的枳，叶子相似，果实味道却完全不同，还不是因为水土不同吗？同样道理，齐国人在齐国安居乐业，好好地劳动，一到楚国就做起盗贼来了，莫非楚国的水土使百姓善于偷东西吗？"楚灵王笑着说："圣人不是能同他开玩笑的，我反而自讨没趣了。"

淮 河

淮河位于中国东部，介于长江与黄河之间，是中国七大河流之一。古称淮水，与长江、黄河和济水并称"四渎"。淮河发源于河南省南阳市桐柏县西部的桐柏山主峰太白顶西北侧河谷，干流流经河南、安徽、江苏三省。淮河干流可以分为上游、中游、下游三部分，全长1000千米，总落差200米。淮河流域地处我国南北气候过渡带，淮河以北属暖温带区，淮河以南属北亚热带区，气候温和，年平均气温为11℃～16℃。气温变化由北向南、由沿海向内陆递增。极端最高气温达44.5℃，极端最低气温为-24.1℃。蒸发量南小北大，年平均水面蒸发量为900～1500毫米，无霜期为200～240天。自古以来，淮河就是我国南北方的一条自然分界线。

晏子与齐景公

宴会之后，晏子来到馆舍，楚国大臣们为他接风洗尘，席间展开了激烈的辩论。楚国下大夫首先发言道："齐自太公封国建邦以来，煮盐垦田，富甲一方、兵甲数万，足可以与楚匹敌。为什么自齐桓公称霸中原之后，昙花一现，再不能领袖诸侯了呢？以齐国国土之宽广，人口之众多，国家之富庶，加上您的才智，怎么就不能再崛起中原呢？反而向我楚国结盟，这太让人费解了。"晏婴答道："识时务者为俊杰，通机变者为英豪。先前自周失政于诸侯之后，诸侯连年征战，春秋五霸迭兴，齐国称霸于中原，秦国威震于西戎，楚国称雄于荆蛮之地，这一切固然有人为的因素，可大多数靠的是天意。先前以晋文公的雄才大略，尚且逃亡四方；秦穆公霸于西戎之后，文治武功盛极一时，其死后子孙衰弱，再也难振往日之雄风；就连你们楚国自楚庄王之后，亦常受吴、晋二国的骚扰，困苦不堪。难道只有齐国衰弱不成？今日齐国前来交好结盟，这只是邻国之间的友好往来罢了。你作为楚国名臣，应通晓随机应变这四个字的含义，怎么也问出这样的问题呢？"下大夫脸红着退了下来，身旁的上大夫不服气地质问道："平仲您自以为是随机应变之士，然而齐自内乱以来，齐臣为君死的不可计数，而您作为齐国的世家大族，却不能讨伐叛贼，或弃官明志，或为君王而死，您不觉得羞愧吗？为什么还留恋名誉地位迟迟不肯离去呢？"晏婴正色反驳道："做大事的人，不必拘泥于小节，人无远虑，必有近忧。我只知道君主为

国家的社稷而死时，做臣子的才应该与之同死，而今先君并非为国家社稷而死，那么我为什么要随随便便从先君而死呢？那些死的人都是愚人而非忠臣。我虽不才，但又怎能以一死来沽名钓誉呢？况且在国家有变时，我不离去，乃是为了迎立新君，为的是保存齐的宗庙，并非贪图高位。假使每个人都离开了朝中，国家大事又有谁来做呢？国家内乱，哪一国没有发生过，你们楚国不是也有这种事吗，又何必责怪我们？"这时又有人不满地说道："英雄豪杰，必相貌绝伦，雄伟无比，而今相国您，身高不足五尺，手无缚鸡之力，只是徒逞口舌之利的说客罢了。单单依靠口舌，而没有实际的本领，欺世盗名，不感到可耻吗？"晏婴回答："我听说秤锤虽小，能压千斤；舟桨虽长，不免为水浸没；纣王勇武绝伦，不免身死国亡。为什么呢？我承认自己并无出众的本领，愧居相位，却绝不是与您逞口舌之利，只是问有所答罢了。难道我拒不回答吗？那也太无礼了。"一番舌战，说得楚国群臣羞愧难当，楚国大夫伍举只好连忙解围说："晏平仲天下奇才，你们怎么能跟他较量呢。"

晏子去世后，景公在吊唁时痛哭流涕地说："那天相国在公阜三次给我指出过错，我现在到哪里去找这样忠心耿耿的贤臣啊！"

晏子与齐景公

97

　　贤相首先在于有德，有德就是能为百姓着想。在君主制的国家里，百姓的要求常与国君发生冲突，于是极力谏诤国君就成为贤相的第一要务。《晏子春秋》开头就是《谏》上下两篇，实非偶然。晏婴在国君面前从不谄谀逢迎、溜须拍马，而是直言无隐、奋力谏诤。齐景公时，齐桓公的霸业已成为历史陈迹，齐国内政几无一日安定。统治者用严刑酷法来维持旧秩序，人民稍有不满或反抗，动辄得罪被刑罚，他们自己却整日声色犬马，沉浸在宫廷的纵酒淫乐之风中，销蚀了奴隶主统治者最后的锐气。晏子就是在这样一个社会大动荡的时代，给这样一位走下坡路的齐王充当社稷之臣的。在这种社会背景下，晏婴充分表现出了治理国家的忠诚与能耐，他利用自己特殊的身份地位，机智地抓住每一个可能的机会，从各种角度不断地提出减免赋税、让百姓休养生息的建议。

二桃杀三士

——生命诚可贵，义气价更高

春秋时，齐景公将两个桃子赐给公孙接、田开疆、古冶子论功而食，三人弃桃自杀。事见《晏子春秋·谏下》。

二桃杀三士，比喻借刀杀人。具体的故事，请看下面详解。

齐景公欲除三害

春秋时期，齐景公养了三个大力士，一个叫田开疆，一个叫公孙接，一个叫古冶子，号称"齐国三杰"。这三个人个个勇武异常，深受齐景公的宠爱，但他们恃功自傲，不懂得君臣大义和朝廷礼仪，以至于让众大臣及景公对他们产生了反感，所以齐景公想除掉他们。只是他们不仅力大无比，而且武艺高强，有万夫不当之勇，没有人能够近他们的身，因而齐景公一直也没有好办法。当时齐国的田氏势力越来越大，直接威胁着国君的统治，而

二桃杀三士

田开疆正属于田氏宗族，相国晏婴担心"三杰"为田氏效力而危害国家，所以下决心要杀这三个人。

晏子

晏子，原名晏婴。春秋时齐国夷维（现在的山东省高密市）人，齐国大夫。他是一位重要的政治家、思想家、外交家。他爱国忧民，敢于直谏，在诸侯和百姓中享有极高的声誉。公元前556年，晏婴继任齐卿，为齐国的昌盛立下了汗马功劳。晏婴曾奉景公之命与晋联姻，曾预言齐国政权终将为田氏所取代。传世有《晏子春秋》一书，当是战国时人收集有关他的言行编辑而成。

晏子婴借刀杀人

适逢鲁昭公访问齐国，齐景公设宴款待。鲁国由叔孙婼执礼仪，齐国由晏子执礼仪，君臣四人坐在堂上，而"三杰"佩剑立于堂下，态度十分傲慢。晏子心生一计，决定乘机除掉这三个心腹之患。当两位君主酒至半酣时，晏子说："园中桃子已经熟了，摘儿个请二位国君尝尝鲜吧。"齐景公大悦，传令派人去摘。晏婴忙说："金桃很难得，还是臣亲自去吧。"一会儿

的工夫，晏婴带着园吏，端着玉盘献上六个桃子。众人一见，只见盘子里放着的六个桃子，个个硕大新鲜，桃红似火，香气扑鼻，令人垂涎。齐景公问："就结了这几个吗？"晏婴说："还有几个没太熟，只摘了这六个。"说完恭恭敬敬地献给鲁昭公和齐景公一人一个桃子。鲁昭公边吃边夸奖桃味鲜美。景公说："这桃子实在难得，叔孙大夫天下闻名，当吃一个。"叔孙婼谦让道："我哪里赶得上晏相国呢？相国内修国政，外服诸侯，功劳最大，这个桃子应该他吃。"齐景公见二人争执不下，便说道："既然二位谦让，那就每人饮酒一杯，食桃一个吧！"两位大臣谢过齐景公，把桃吃了。这时，盘中还剩有两个桃子，齐景公说："三位爱卿，你们都是寡人深爱的大力士，寡人想奖赏你们，可是今日桃子只剩下两个，寡人想把它们奖赏给你们三个中功劳最大的两个人，你们开始比自己的功劳吧。"

话音刚落，公孙接率先走了过来，拍着胸膛说："有一次我随国君打猎，突然从林中蹿出一头猛虎，是我冲上去，用尽平生之力将虎打死，救了国君。如此大功，还不应该吃个金桃吗？"晏婴说："冒死救主，功比泰山，可赐酒一杯，桃一个。"公孙接接过酒、桃，站在一旁，十分得意。

田开疆见状，厉声喝道："打死一只老虎有什么稀奇！当年我奉命讨伐徐国，出生入死，斩其名将，俘虏徐兵五千余人，吓得徐国国君俯首称臣，就连邻近的郯国和莒国也望风

二桃杀三士

归附。像我这样的功劳也可以单独吃一个鲜桃，不与别人分吃！"

两个鲜桃都被人抓走了，另外一个大力士古冶子说："我曾经跟随君王渡过黄河，一只鼋（yuán）鱼咬住左骖马，把它拖进砥柱山下的旋涡里，我就潜入河水下面，逆流追出百步远，又顺流追赶了几里远，擒获鼋鱼而杀死它。我左手抓住左骖马的尾巴，右手提着鼋鱼头，像仙鹤一样跃出水面。渡口的船夫都说'黄河水神出来了'！他们仔细一看，原来是我举起的鼋鱼头。像我这样中流砥柱的功劳，也可以单独吃一个鲜桃，不与别人分吃一个。你们两个人为何不把鲜桃放回原处！"古冶子说着抽出剑来，拉开决斗的架势。

大力士公孙接、田开疆说："我们的勇武不如你，功劳赶不上你。我们毫不谦让地抓起鲜桃，这是贪婪的表现。既然都这样了，如果我们还不死，就是太不知羞耻了！"

于是公孙接、田开疆把两个鲜桃放回原处，然后拔剑自刎了。

看到这种惨烈的场面，最后一位大力士古冶子说："你们两位都死了，唯独我还活着，这是不仁爱；用语言羞辱人家而夸耀自己，这是不道义；悔恨自己的行为而不去死，这是没有勇气。你们两位都送回鲜桃，为保持气节而自杀了，难道我会单独享受两个鲜桃吗？"

于是，古冶子也自杀了。

鲁昭公见此情景，目瞪口呆，半天才站起身来说道："我听说这三位将军都有万夫不当之勇，可惜为了一个桃子都死了。"齐景公长叹了一声，沉默不语。这时，晏婴不慌不忙地说："他们都是有勇无谋的匹夫。智勇双全、足当将相之任的，在我国就有数十人，像这样的武夫莽汉，那就更多了。少几个这样的人也没什么了不起，各位不必介意，请继续饮酒吧。"

知识链接

齐景公

齐景公（公元前547年至公元前490年在位），姜姓，吕氏，名杵臼，齐灵公之子，齐庄公之弟，春秋时期齐国君主。他的大臣中早期的相国有崔杼、庆封，后有相国晏婴、司马穰苴以及梁丘据等人。齐景公虽有治国的壮志，但又贪图享乐。作为君主，他不愿放弃其中的任何一个，与此相应，他的身边就必有不同的两批大臣，一批是治国之臣，另一批是享乐之臣。齐景公在位58年，国内治安相对稳定，然因无嫡子，身后诸子展开了激烈的王位之争。

区区两个桃子，顷刻间让三位猛将都倒在血泊之中，齐景公也有些伤怀，下令将他们葬在一起。在汉代的历史故事画像里，就刻画有"二桃杀三士"的故事。常见的"二桃杀三士"画像内容是三士各手持一剑，其中一人面前放置盘，盘中放两只桃子，旁边站立晏子、齐景公和大臣等。但也有简约型的"二桃杀三士"画像，画面中只有三士自杀的场景，而把盘和桃子省略了。

　　公孙接、田开疆、古冶子三个人把勇敢和气节看得比生命还重要，结果为了两个鲜桃都自杀了，这是晏婴用的计策，为齐国除了隐患。这件事办得干净利落，没费吹灰之力，晏婴真是机敏过人啊！

这则故事，本来是夸赞晏子的谋略和机智，实际上反映了一种政治层面上的悲凉和残酷。官方的意识形态，把中央集权看得至高无上，认为维护君主的统治是最重要的。即使是立下汗马功劳的武将们，只要有较多的兵权，有较大的号召力，就自然成为君主的眼中钉、肉中刺。"狡兔死，走狗烹"成为叱咤疆场的将军们难以摆脱的厄运与结局。这则成语故事最打动人的是三位勇士的"君子之风"。晏子利用的三个人的弱点，并非是他们的鲁莽与骄狂，而恰恰是他们的君子风度。开始时他们比较骄傲，都看重自己的功劳，是古冶子的一番话让另外二人感到了羞耻。当他们觉得自己做错事情时，宁愿用生命去弥补耻辱，这种做法虽然愚蠢，但是精神可以肯定。古冶子后来的举动同样如此。

孙武练兵

孙武（约公元前545—公元前470），字长卿，齐国乐安人，春秋时期著名的军事家、政治家。后人尊称其为孙子、孙武子、百世兵家之师、东方兵学的鼻祖。约活动于公元前6世纪末至公元前5世纪初。由齐至吴，经吴国重臣伍员举荐，向吴王阖闾进呈所著兵法，受到重用为将。他曾率领吴国军队大败楚国军队，占领楚国都城郢城，几近覆亡楚国。著有《孙子兵法》十三篇，为后世兵法家所推崇，被誉为"兵学圣典"，置于"武经七书"之首。

论兵戎少年可畏

孙武少年时代就喜欢听行军打仗的故事，还有一个最大的爱好就是读书，尤其是兵书。孙家是一个祖祖辈辈都精通军事的

孙武练兵

107

贵族世家，家中收藏的兵书非常多。《黄帝兵书》《太公兵法》《风后渥奇经》《易经卜兵》《军志》《军政》《军礼》《令典》《周书》《尚书兵纪》《管子兵法》等兵书，以及上自黄帝、夏、商、周，下到春秋早中期有关战争的许多竹简，塞满了阁楼。孙武就喜欢爬上阁楼，把写满字的竹简拿下来翻看。有不明白的他就请教家聘的老师，甚至直接找祖父、父亲问个明白。

有一次，孙武读到"国之大事，在祀与戎"，他就跑去问老师："先生，祀是什么？戎是什么？"

老师想今天孙武问的问题倒是简单，于是随口说："祀是祭祀，戎是兵戎。"

孙武接着问："祭祀是种精神的寄托，怎么能和兵戎相提并论为国家的大事呢？"

老师顿觉奇异，一时答不出来。

孙武接着说："只有兵，才是国家的大事，君臣不可不察的大事。"

这就是孙武小时候的故事。

斩宫嫔孙武立威

长大之后孙武便一发不可收，不仅能在实际行军打仗中取得胜利，还能严明纪律，严于治军。

孙子兵法

《孙子兵法》又称《孙武兵法》《吴孙子兵法》《孙子兵书》《孙武兵书》等，是中国现存最早的兵书，也是世界上最早的军事著作，被誉为"兵学圣典"。作者为春秋时祖籍齐国乐安的吴国将军孙武。

《孙子兵法》处处表现了道家与兵家的哲学，共有六千字左右，一共十三篇。

"孙武斩宫嫔"的故事在历史上流传甚广。话说吴王阖闾派遣伍子胥请隐居在吴国穹庐的孙武出山为吴国统兵。孙武拜见了阖闾，献上兵书并当庭演练排兵布阵之法。后来，因为参加演练的妃嫔不听指挥，孙武依军令将其斩首。那么孙武斩吴王爱妃的故事具体是怎样的呢？

公元前512年，此时已是吴王阖闾发动政变登上王位的第三年，他在伍子胥的辅佐下把吴国治理得蒸蒸日上。吴国粮草储备充足，部队精锐，攻伐楚国的内部条件已经成熟。但是当时吴国军队之中没有能够统率大军作战的大将之才，于是伍子胥向吴王阖闾推荐了隐居在吴国的孙武，盛赞他的军事才能。伍子胥还亲自前往孙武的隐居之地请他出山，于是孙武随同伍子胥前往吴王宫拜见吴王阖闾。在王宫，孙武向阖闾献上兵书十三册。

孙武练兵

109

吴王阖闾读了《孙子兵法》，很是钦佩，盛赞孙武才华出众，是个难得的人才。吴王想亲自考察一下他的实际才能，便召见孙武。吴王对他说："可以试试练兵方法让我看看吗？"孙武为了彰显自己的本领好让吴王阖闾倚重于他，于是请求当庭演练排兵布阵之法。吴王答应了孙武的请求，并说："演练的人手有要求吗，需要精锐之士还是一般的新兵？"孙武为了显示自己的军事水平刻意提高难度说："大王后宫的嫔妃、宫女就可以。"

于是吴王挑出宫女180人，交给孙武。孙武把宫女编成两队，另外挑选了吴王的两个最宠爱的美妃担任队长，让她俩持着战戟站在队前。孙武问美妃和宫女："你们都知道自己的前心、左右手和后背的位置吗？"美妃和宫女们回答："知道。"孙武又说："向前，就看前心所对的方向；向左，看左手方向；向右，看右手方向；向后，就看后背方向。一切行动以鼓声为准，大家都明白吗？"她们都回答："明白。"孙武部署已定，又命令士卒扛来执行军法的大斧并指着大斧反复说明军队的纪律，违者处斩。

战鼓擂响，孙武下达了向右转的命令。美妃和宫女不但不听命令，反而嘻嘻哈哈地笑了起来。孙武说："约束不明，令不熟，这次应由将帅负责。"于是重新作了说明。然后孙武又击鼓，发出向左的命令，美妃和宫女们再一次哄笑起来。孙武说："纪律和动作要领已讲清楚，大家都说已经明白了，但仍旧不听从命令，这就是故意违反军纪。队长带头违反军纪，应按军法处

置。"于是，下令要斩左右队长。吴王在望云台上看见孙武要杀自己宠爱的妃子，大为惊骇，急忙传令说："我已经领教将军练兵的高明了，没有这两个爱妃，我连饭都吃不下，请不要杀她们！"孙武说："我既已受命为将，将在军，君命有所不受。"当即把两个队长一同斩首，又指定另外两位妃子担任队长，继续操练。这一次再发出鼓令，不论是向左、向右、前进、后退、跪下、起立，众人全都服从命令，而且严肃认真，合乎要求。孙武见已经操练整齐，就派人报告吴王说："兵已经练好了，请大王检阅。这两队士兵，可任意指挥，即使叫她们到水里火里也不会抗命了。"吴王失去了两个爱妃，心里很不高兴，苦笑着说："行了，将军回舍休息吧！我不想检阅了。"事情过后，孙武先向吴王谢罪，接着申述斩妃的理由："令行禁止、赏罚分明，这是兵家常法，为将治军的通则；用众以威，责吏从严，只有三军遵纪守法，听从号令，才能克敌制胜。"吴王听了孙武的解释，怒气消散，便弃斩妃之恨，拜孙武为将军。

知识链接

军法从事

维持战场纪律要靠使用大量死刑来实现，所以在俗谚中"军法从事"一般就是指砍头的刑罚。记载夏、商、周三代历史的儒家经典《尚书》中，夏朝第一个国王启在甘作战时

孙武练兵

的誓词《甘誓》、商朝第一代国王成汤的《汤誓》、西周第一代国王周武王的《牧誓》，几乎都规定战场上作战不努力的将士都要处死刑，并且还要连带处罚其家属。"不用命"的将士要在祭祀土地神的"社坛"被公开处死。据其他的史籍记载，春秋时期战场上的逃兵、作战不努力者被处死后的尸体还不得葬入家族墓地，这在当时或许是比死刑本身更重的处罚。

后来，吴国军队在孙武的严格训练下，纪律严明，战斗力很强。公元前506年，吴、楚大战中，吴军五战五捷，打败了楚国。以后，吴军又威震齐国、晋国两大中原强国，吴国在列国中威名远扬。

两千多年前的春秋战国时代，齐国人孙武还远不是今天被推为兵家第一人的"孙子"，家族的变故将他推离了故乡，成为流落到吴国施展抱负的异乡之客。后来，因为夫差的怒气，逼迫伍子胥自杀，这对孙武是个沉重的打击，他心灰意冷，意识到吴国已经无可救药。孙武深知"飞鸟尽，良弓藏；狡兔死，走狗烹"的道理，于是悄然归隐，息隐山林，根据自己训练军队、指挥作战的经验，修订编成《孙子兵法》，一直流传至今。

<智慧点津>

　　军人以服从命令为天职，对上级的命令是不可随意违抗的，所谓的"军令如山"就是这个道理。孙武训练军队非常严厉，丝毫不肯马虎，连吴王向他求情也不买账。正是由于他这种严明的纪律，才能训练出精良的部队。

孙武练兵

113

伍子胥

——一夜白了头，助吴灭楚报父仇

伍子胥，名员，字子胥，春秋时期的吴国大夫、军事家。伍子胥因受奸人陷害，从楚国逃到吴国。公元前506年，伍子胥协同孙武带兵攻入楚都，伍子胥掘楚平王墓，鞭尸三百，以报杀父兄之仇。吴国倚重伍子胥等人之谋，西破强楚，北败徐国、鲁国和齐国，成为诸侯一霸。

遭陷害逃离楚国

楚国太子叫建，楚平王派伍子胥之父伍奢做他的太傅，费无忌做他的少傅。费无忌对太子建不忠心，平王派费无忌到秦国为太子娶亲，因为秦女长得姣美，无忌就急忙赶回来报告平王说："这是个绝代美女，大王可以自己娶了她，再给太子另外娶个媳妇。"平王就自己娶了秦女，极度地宠爱她，后来还生了个儿子

叫轸。

费无忌用秦国美女向楚平王献媚以后，就趁机离开了太子建去侍奉平王。费无忌担心有一天平王死了，太子建继位会杀了自己，竟因此诋毁太子建。因为太子建的母亲是蔡国人，楚平王不宠爱她，所以平王也越来越疏远太子，派太子驻守城父，守卫边疆。

之后，费无忌继续没日没夜地在平王面前说太子建的坏话，他说："太子因为秦女的原因，不会没有怨恨情绪，希望大王自己稍微防备着点。自从太子驻守城父以后，统率着军队，对外还和诸侯交往不断，难保将来不会进入都城作乱。"于是楚平王就把太子太傅伍奢召回来审问。伍奢知道费无忌在平王面前说了太子的坏话，因此对楚平王说："大王怎么能仅凭搬弄是非的小人的坏话，就疏远骨肉至亲呢？"费无忌却对楚平王说："大王现在不制止，他们的阴谋就要得逞，大王将要被逮捕了！"于是平王发怒，把伍奢囚禁起来，同时命令城父司马奋扬去杀太子建。还没到城父，奋扬就派人提前告诉太子"赶快离开，要不然将被杀死"，于是太子建逃到宋国去了。

费无忌对平王说："伍奢有两个儿子，都很贤能，不杀掉他们将成为楚国的祸害。可以用他们的父亲作为人质，把他们召来，如果不这样将成为楚国的后患。"平王就派使臣对伍奢说："把你的两个儿子叫来，就能活命，不叫来就处死。"伍奢说："伍尚为人宽厚仁慈，叫他，一定能来；弟弟伍员为人桀骜不

驯，能力超人，能成就大事，他知道来了会一块被擒，势必不来。"平王不听，派人去召伍奢的两个儿子，告诉他们："来，我使你父亲活命；不来，现在就杀死伍奢。"伍尚打算前往，伍子胥说："楚王召我们兄弟，并不打算让我们父亲活命。他是担心我们逃跑，产生后患，所以用父亲作为人质，欺骗我们。我们一到，就要和父亲一块被处死。我们去，对父亲的死有什么好处呢？去了，我们就报不成仇了。不如逃到别的国家去，借助别国的力量洗雪父亲的耻辱。一块去死，没有意义呀！"伍尚说："我知道去了最后也不能保全父亲的性命。可是父亲召唤我们是为了求得活命，若不去，以后又不能洗雪耻辱，终会被天下人耻笑。"他又对伍子胥说："你可以逃走，你能报杀父之仇，我准备与父亲一同去死。"伍尚被逮捕后，使臣又要逮捕伍子胥。伍子胥拉满了弓，把箭对准使臣。使臣不敢上前，伍子胥就逃跑了。后来，他听说太子建在宋国，就前去追随太子。伍奢听说伍子胥逃跑了，说："楚国君臣将要苦于战火了。"伍尚来到楚都后，楚平王就把他和伍奢一块杀害了。

巧安排蒙混过关

楚平王听信谗言，用计杀了伍子胥的父亲和兄长。伍子胥携太子建之子胜逃奔他国，被楚兵一路追杀。

伍子胥二人辗转到了离昭关六十里路的一座小山下，从这里出了昭关便是直通吴国的水路了。然而，昭关被右司马远越领兵

把守，很难过去。

扁鹊的弟子东皋公就住在山中，他依据悬赏令上的图像认出了伍子胥，他很同情伍子胥的冤屈与遭遇，决定帮助他。东皋公把伍子胥二人带进自己的居所，好心招待，一连七日，却不谈过关之事。伍子胥实在熬不住，急切地对东皋公说："我有大仇要报，度日如年，这几天耽搁在此，就好像死去一样，先生有什么办法吗？"东皋公说："我已经为你们筹划了可行的计策，只是要等一个人来才行。"伍子胥狐疑不决，晚上，寝不能寐。他想告别东皋公而去，又担心过不了昭关，反而惹祸；若是不走，又不知还要等多久。如此翻来覆去，其身心如在芒刺之中，卧而复起，绕屋而转，不觉挨到天亮。东皋公一见他，大惊道："你怎么一夜之间头发全白了？"伍子胥一照镜子，果然全白了头，不由得暗暗叫苦。东皋公反而大笑道："我的计策成了！几日前，我已派人请我的朋友皇甫讷来，他跟你长得很像，我想让他与你换位，以蒙混过关。你今天头发白了，不用化装别人也认不出你来，就更容易过关了。"

当天，皇甫讷如期到达。东皋公把皇甫讷扮成伍子胥的模样，而伍子胥和公子胜装扮成仆人，四个人一同前往昭关。守关的官吏远远看见皇甫讷，以为是伍子胥来了，传令所有官兵全力缉拿。伍子胥二人趁乱过了昭关，待官兵最后捉拿到皇甫讷时，才发现抓错了，官兵都认识皇甫讷，东皋公又与守关长官远越要好，于是此事安然过去了。

伍子胥顺利通过昭关，来到吴国，帮助吴公子姬光夺取王位。后来又同孙武一道率兵攻取楚国。当时楚平王已死，伍子胥便掘其坟，鞭其尸，以报仇恨。

七星龙渊的传说

伍子胥在逃离楚国投奔吴国途中，饥困交加，见一位浣纱姑娘竹筐里有饭，于是上前求乞。姑娘顿生恻隐之心，慨然相赠。伍子胥饱餐之后，出于安全原因，要求对方为他的行踪保密。姑娘猛然想起，男女接触为礼教和舆论所不容，她随即抱起一石投水而死。伍子胥见状，伤感不已。他咬破手指，在石上血书："尔浣纱，我行乞；我果腹，尔身溺。十年之后，千金报德！"

十年后，伍子胥报了大仇，想到要报浣纱姑娘的大恩，但苦于不知道姑娘家的地址，于是就把千金投入她当时跳水的地方，还在岸边盖了一座贞女祠。据说，这就是"千金小姐"的由来。

伍子胥因奸臣所害，亡命天涯，被楚国兵马一路追赶，这一天慌不择路，逃到长江之滨，只见浩荡江水，波涛万顷。前阻于大水，后有追兵，正在焦急万分之时，伍子胥发现上游有一条小船急速驶来，船上的渔翁连声呼他上船。伍子胥上船后，小船迅速隐入芦花荡中，不见踪影，岸上的追兵悻悻而去。渔翁将伍子胥载到岸边，为伍子胥取来酒食饱餐一顿。伍子胥千恩万谢，问

渔翁姓名，渔翁笑言自己浪迹波涛，姓名何用，只称"渔丈人"即可。伍子胥拜谢辞行，走了几步，心有顾虑又转身折回，从腰间解下祖传三世的宝剑——七星龙渊，欲将此价值百金的宝剑赠给"渔丈人"以致谢，并嘱托"渔丈人"千万不要泄露了自己的行踪。"渔丈人"接过七星龙渊宝剑，仰天长叹，对伍子胥说道："搭救你只因为你是国家的忠良，并不图回报。而今，你仍然怀疑我贪利少信，我只好以此剑示高洁。"说完，横剑自刎。伍子胥悲悔莫及。

助吴灭楚报父仇

伍子胥到宋国以后，正好遇上宋国华氏作乱，就和太子建一同逃到郑国。郑国君臣对他们很友好。太子建又前往晋国，晋顷公说："太子既然跟郑国的关系友好，郑国信任太子，太子要是能给我们做内应，我们从外面进攻，一定能灭掉郑国。灭掉了郑国，我就把它分封给太子。"于是太子建回到郑国。然而举事的时机还没成熟，正赶上太子建因为私事打算杀掉一个跟随他的人，这个人知道太子建的计划，就向郑国国君告密，于是郑定公和子产杀死了太子建。太子建有个儿子叫胜。伍子胥害怕了，就和公子胜一同逃奔吴国。伍子胥到达吴都时，吴王僚刚刚当权执政，公子光做将军。伍子胥通过公子光的关系求见吴王。

过了很久，楚平王因为楚国边邑钟离和吴国边邑卑梁氏都

伍子胥

119

养蚕，两地的女子为争采桑叶相互撕打，就大发雷霆，以至于两国起兵相互攻打。吴国派公子光攻打楚国，攻克了楚国的钟离、居巢后就回来了。伍子胥劝吴王僚说："楚国是伍子胥可以打败的，希望再派公子去。"公子光对吴王说："那伍子胥的父兄被楚国杀死，劝大王攻打楚国，是为了报他的私仇。攻打楚国未必可以打败它呀！"伍子胥知道公子光在国内有野心，想杀死吴王僚自立为君，不可以用对外的军事行动劝说他，就向公子光推荐了专诸，然后离开了朝廷和公子胜到乡下种地去了。

五年以后，楚平王死了。当初，平王从太子建那儿夺来的秦国美女生了一个儿子叫轸，等平王一死，轸竟然继平王位，这就是昭王。吴王僚趁着楚国办丧事，派烛庸、盖余两位公子领兵袭击楚国。楚国出兵切断了吴国军队的后路，使吴军不能回国。吴国国内空虚，公子光就命令专诸暗杀了吴王僚，然后自立为王，这就是吴王阖闾。阖闾自立以后，愿望实现了，就召回伍子胥，封他为行人，共同策划国事。

楚昭王杀了大臣郤（pǐ）宛、伯州犁，伯州犁的孙子伯嚭逃到吴国，吴国也用伯嚭做了大夫。先前，吴王僚派遣攻打楚国的两位公子，后路被切断不能回国，后来听说阖闾杀死吴王僚自立为王的消息，于是带领着军队投降了楚国，楚国把舒地封给了他们。阖闾自立为王的第三年，就派遣伍子胥、伯嚭带领军队攻打楚国，占领了舒地，捉住了原来背叛吴国的两个将军。后来，阖闾想乘胜进兵郢都，将军孙武说："百姓太疲惫了，不可以再

打了，暂且等待吧。"阖闾就收兵回国了。

阖闾四年（公元前511），吴国再次攻打楚国，夺取了六地和灊（qián）地。阖闾五年（公元前510），吴国攻打越国，取胜。阖闾六年（公元前509），楚昭王派公子囊瓦领兵攻打吴国，吴国派伍子胥迎战，在豫章打败了楚国的军队，夺取了楚国的居巢。

阖闾九年（公元前506），吴王对伍子胥、孙武说："当初你们说郢都不可攻入，现在的情形怎么样？"伍子胥、孙武回答："楚国公子囊瓦贪财，唐国和蔡国都怨恨他。大王如果要大规模地进攻楚国，必须先得到唐国和蔡国的帮助才行。"阖闾听从了他们的建议，出动了全部军队和唐国、蔡国共同攻打楚国，联军和楚国的军队在汉水两岸列兵对阵。吴王的弟弟夫概带领着军队请求相随出征，吴王不答应，夫概就用自己属下五千人攻击楚将子常。子常战败逃跑，直奔宋国。于是，吴军乘胜追击，经过五次战役就打到了郢都，楚昭王出逃。第二天，吴王进入郢都。

楚昭王逃入云梦大泽遭到强盗的袭击，又逃到郧地。郧公的弟弟怀说："平王杀死了我们的父亲，我们杀死他的儿子，不是也可以吗？"郧公担心他的弟弟杀死昭王，就和昭王一块逃到随地。吴兵包围了随地，对随人说："在汉水流域的周朝子孙被楚国全部消灭了。"随人要杀昭王，王子綦把他藏了起来，自己冒充昭王来搪塞他们。随人算了一卦，卦象表明把昭王交给吴军不

伍子胥

121

吉利，就谢绝了吴国，没有交出昭王。

又过了两年，阖闾派太子夫差领兵攻打楚国，夺取番地。楚国害怕吴国军队再次大规模地进攻，就离开郢城，迁都都邑。在这个时候，吴国用伍子胥、孙武的战略，向西打败了强大的楚国，向北威震齐国、晋国，向南降服了越国。

知识链接

伍子胥之死

伍子胥一生凭借超凡的才识辅佐吴国日渐强大。公元前494年，吴国战胜越国，吴王夫差接受了越国"卑辞厚礼"的求和政策。聪慧的伍子胥敏锐地洞察到越国求和政策中隐藏着巨大的阴谋，便再三向吴王提出反对意见，并设法阻止，其言行激怒了夫差，被逼自刎。伍子胥临死前悲伤地说："树吾墓上以梓，令可为器。抉吾眼置之吴东门，以观越之灭吴也。"伍子胥走了，带着遗憾和不安，带着对吴国的忠心和眷恋。

　　伍子胥好不容易成才，却不料父兄遭戕，家破人亡，故国不容，亡命天涯。逃难中吃尽苦头，山穷水尽无处躲，一夜白头过昭关。初到吴国，被闲置，心中背负着血海深仇却不能报，心如刀绞。阖闾即位，挥军攻楚，望报大仇，奈何仇人已死，只能开棺鞭尸。大仇得报，却遭吴君猜忌，奸臣陷害，终被赐死。死后声名毁誉参半。太史公赞曰："伍子胥隐忍就功名，非烈丈夫孰能致此哉！"也有后人认为他"勇而无礼"。从他的智慧来说，他知道照吴王这么下去，越国终究会灭掉吴国，吴国不可恃，可是他还是不愿离去，最终被杀。很大程度上是他的愚忠害了自己，这不能不说是一个遗憾。

伍子胥

123

卧薪尝胆

——君子报仇二十年不晚

越国是华夏族建立的国家，勾践是大禹（大禹姓姒，名文命）的子孙。周王朝建立后，勾践的先人被封在会稽（现在的浙江省绍兴市）守宗庙，建立越国。勾践生于约公元前520年，卒于约公元前465年。公元前496年，勾践即位后不久，即取得战胜吴国的战绩。但是，两年后，吴王夫差攻破越都会稽，勾践被迫投降并随夫差至吴国，臣事吴王，后被赦归返国。勾践自战败以后，时刻不忘会稽之耻，日日忍辱负重，不断等待时机。他时常反躬自问："汝忘会稽之耻邪？"他重用范蠡（ㄌㄧ）、文种等贤人，经过"十年生聚又十年教训"，使越之国力渐渐恢复起来。可是吴国对此毫无警惕。公元前482年，吴王夫差为参加黄池之会，尽率精锐而出，仅让太子和老弱守国。越王勾践遂乘虚而入，大败吴师，杀吴太子。夫差仓促与晋国定盟而返，连战

不利，不得已而与越国议和。吴越之间的恩恩怨怨直到勾践战胜吴国之后才结束。

屈辱求和

吴王阖闾打败楚国，成了南方霸主。吴国跟附近的越国（都城在现在的浙江省绍兴市）素来不和。公元前496年，越王勾践即位，吴王趁越国刚刚遭到丧事，发兵攻打越国。勾践派遣敢死的勇士向吴军挑战，勇士们排成三行，冲入吴军阵地，大呼着自刎身亡。吴兵看得目瞪口呆，越军趁机袭击了吴军，在檇（zuì）李大败吴军，射伤吴王阖闾。阖闾在弥留之际告诫儿子夫差，"千万不能忘记越国"。

三年后（公元前493），勾践听说吴王夫差日夜操练士兵，将报复越国一箭之仇，便打算先发制人。范蠡进谏说："不行，我听说兵器是凶器，攻战是背德，争先打是事情中最下等的。阴谋去做背德的事，喜爱使用凶器，亲身参与下等事，定会遭到天帝的反对，这样做绝对不利。"越王说："我已经作出了决定。"于是举兵进军吴国。吴王听到消息后，动用全国的精锐部队迎击越军，在夫椒大败越军。越王只聚拢起五千名残兵败将退守会稽，吴王乘胜追击并包围了会稽。

勾践对范蠡说："因为没听您的劝告才落到这个地步，那该怎么办呢？"范蠡回答说："能够完全保住功业的人，必定效法天道的盈而不溢；能够平定倾覆的人，一定懂得人道是崇尚谦卑

卧薪尝胆

125

的；能够节制事理的人，就会遵循地道而因地制宜。现在，您对吴王要谦卑有礼，派人给吴王送去优厚的礼物，如果他不答应，您就亲自前往侍奉他，把自身也抵押给吴国。"勾践说："好吧！"于是派大夫文种去向吴国求和。见到吴王后，文种跪在地上边向前行边叩头说："君王的亡国臣民勾践让我大胆地告诉您的办事人员，勾践请您允许他做您的奴仆，允许他的妻子做您的侍妾。"吴王将要答应文种，伍子胥对吴王说："天帝把越国赏赐给吴国，不要答应他。"文种回越国后，将情况告诉了勾践。勾践想杀死妻子儿女，焚烧宝器，亲赴疆场拼死一战。文种阻止勾践说："吴国的太宰伯嚭十分贪婪，我们可以用重财诱惑他，请您允许我暗中去吴通融。"于是勾践让文种给伯嚭献上美女、珠宝、玉器。伯嚭欣然接受，于是就把大夫文种引见给吴王。文种叩头说："希望大王能赦免勾践的罪过，我们越国将把世传的宝器全部送给您。万一不能侥幸得到赦免，勾践将把妻子儿女全部杀死，烧毁宝器，率领他的五千名士兵与您决一死战，您也将付出相当的代价。"太宰伯嚭借机劝说吴王："越王已经服服帖帖地当了臣子，如果赦免了他，将对我国有利。"吴王准备要答应文种，伍子胥进谏说："今天不灭亡越国，必定后悔莫及。勾践是贤明的君主，文种、范蠡都是贤能的大臣，如果勾践能够返回越国，必将作乱。"吴王不听伍子胥的谏言，终于赦免了越王，撤军回国。

吴王夫差

春秋时期吴国的末代国君，阖闾之子。公元前496年，阖闾攻越，战于檇李（现在的浙江省嘉兴市西南），越军采取偷袭战术，阖闾中箭，因伤势过重不治身亡。夫差即位后，不忘杀父之仇，励精图治，整训军队，并大败越国，攻破越都，使其屈服。但因夫差执政期间，吴国连年兴师动众，造成国力空虚。再加之越王勾践卧薪尝胆，乘虚而入，吴国被灭，后夫差自刎，时年55岁。

勾践被困在会稽时，曾喟（kuì）然叹息说："我将在此了结一生吗？"文种说："商汤被囚禁在夏台，周文王被围困在羑（yǒu）里，晋国重耳逃到翟，齐国小白逃到莒，他们终于都称王称霸天下。由此观之，我们今日的处境何尝不可能成为福分呢？"

卧薪尝胆

吴王赦免了越王，勾践回国后，深思熟虑，苦心经营，把苦胆挂到座位上方，坐卧即能仰头尝尝苦胆，饮食也尝尝苦胆。勾

卧薪尝胆

践还经常问自己："你忘记会稽的耻辱了吗？"他亲身耕作，夫人亲手织布，吃饭从未有荤菜，穿衣也从不穿华丽的衣服，对贤人彬彬有礼，能委曲求全，招待宾客热情诚恳，能救济穷人，悼慰死者。勾践想让范蠡管理国家政务，范蠡回答说："用兵打仗之事，文种不如我；镇定安抚国家，让百姓亲近归附，我不如文种。"于是勾践把国家政务委托给大夫文种，让范蠡和大夫柘稽求和，到吴国做人质。两年后吴国才让范蠡回国。

勾践从会稽回国后七年，始终抚慰自己的士兵和百姓，想以此向吴国报仇。大夫逢（páng）同进谏说："国家刚刚流亡，今天才又殷实富裕，如果我们整顿军备，吴国一定会惧怕，它惧怕，灾难必然降临越国。再说，凶猛的大鸟袭击目标时，一定先隐藏起来。现在，吴军压在齐国、晋国的边境上，对楚国和越国有深仇大恨，在天下虽然名声显赫，实际上危害到了周王室。吴国缺乏道德却功劳不少，一定骄横狂妄。真为越国着想的话，那越国不如结交齐国、亲近楚国、归附晋国、厚待吴国。吴国志向高远，对待战争一定很轻视，这样我国就可以联络三国的势力，让三国攻打吴国，我国便可以趁吴国疲惫而攻克它了。"勾践说："好！"

知识链接

会 稽

会稽，古地名，绍兴的别称，因绍兴会稽山得名。会稽山，原来叫作茅山，公元前2198年大禹在此召集全国的诸侯，"大会计，爵有德，封有功"，禹会后病死而葬于此。为纪念大禹的功绩，诸侯"更名茅山曰会稽。会稽者，会计也"。《史记》记载，夏帝少康之庶子无余封于会稽，为越国之始祖。战国后期，楚国灭越国，杀越王无彊，占据江东。越国王族分散于会稽一带，自立为君长，臣服于楚国。

过了两年，吴王将要讨伐齐国。伍子胥进谏说："不行。我听说勾践吃饭从不炒两样好菜，与百姓同甘共苦。此人不死，一定会成为我国的忧患。越国对吴国而言，那是心腹之患，而齐国对吴来说，只像一块疥癣。希望君王放弃攻齐，先伐越国。"吴王不听，就出兵攻打齐国，在艾陵大败齐军，俘虏了齐国的高氏、国氏回吴。吴王责备伍子胥，伍子胥说："您不要太高兴！"吴王很生气，伍子胥想自杀，吴王听到后制止了他。越国大夫文种对勾践说："我观察吴王当政太骄横了，请您允许我试探一下，向他借粮，来揣度一下吴王对越国的态度。"文种向吴王请求借粮，吴王想借予，伍子胥建议不借，吴王最后还是借给越国了。越王暗中十分喜悦。伍子胥说："君王不听我的劝谏，

再过三年吴国将成为一片废墟！"太宰伯嚭听到这话后，就多次与伍子胥争论对付越国的计策，并借机诽谤伍子胥说："伍员表面忠厚，实际很残忍，他连自己的父兄都不顾惜，怎么能顾惜君王呢？君王上次想攻打齐国，伍员强烈地进谏，后来您作战有功，他反而因此怨恨您。您不防备他，他一定会作乱的。"伯嚭还和逄同共同谋划，在吴王面前再三诽谤伍子胥。吴王开始也不听信谗言，派伍子胥出使齐国。后来听说伍子胥把儿子委托给鲍氏，吴王这才大怒，说："伍员果真欺骗我！"伍子胥出使齐国回国后，吴王派人赐给伍子胥一把属镂剑让他自杀。伍子胥大笑道："我辅佐你的父亲称霸，又拥立你为王，你当初想与我平分吴国，我没接受，时隔不久，今天你反而因谗言杀害我。唉，唉，你一个人绝对不能独自立国！"伍子胥告诉使者说："我死后，一定取出我的眼睛挂在吴国都城东门上，以便我能亲眼看到越军攻入都城。"伍子胥死后，吴王重用伯嚭执掌国政。

雪耻灭吴

　　过了三年，勾践召见范蠡说："吴王已杀死了伍子胥，现在阿谀奉承的人很多，可以攻打吴国了吗？"范蠡回答说："还不行。"

　　公元前482年，吴王到北部的黄池去会合诸侯，吴国的精锐部队全部跟随吴王赴会了，留下老弱残兵和太子守吴都。勾践又

卧薪尝胆

131

问范蠡是否可以进攻吴国。范蠡说："可以了。"于是派出熟悉水战的士兵两千人，训练有素的士兵四万人，受过良好训练的近卫军六千人，各类管理技术军官一千人，攻打吴国。吴军大败，越军还杀死了吴国的太子。吴国使者赶快向吴王告急，此时吴王正在黄池会合诸侯，他怕天下人听到这一惨败消息，就坚守秘密。吴王已经在黄池与诸侯订立了盟约，就派人带上厚礼向越国求和。越王估计自己也不能灭亡吴国，就与吴国讲和了。

公元前475年，越国又攻打吴国。吴国军民疲惫不堪，精锐士兵都在与齐国、晋国的战争中死亡，所以越国打败了吴军，包围吴都数年；吴军失败，越军又把吴王围困在姑苏山上。吴王派公孙雄脱去上衣露出胳膊跪行向前，请求与越王讲和。公孙雄说："孤立无助的臣子夫差冒昧地表露自己的心愿，从前我曾在会稽得罪您，我不敢违背您的命令，如果能够与您讲和，就撤军回国了。今天您前来惩罚孤臣，我对您将唯命是从，但我私下的心意是希望像会稽山对您那样赦免我的罪过吧！"勾践不忍心，想答应吴王。范蠡说："会稽的事是上天把越国赐给吴国，吴国不要。今天是上天把吴国赐给越国了，越国难道可以违背天命吗？再说，君王早上朝晚罢朝，不就是因为吴国吗？谋划伐吴已二十二年了，一旦放弃，行吗？且上天赐予您却不要，那反而要受到处罚。'用斧头砍伐木材做斧柄，斧柄的样子就在身边。'您忘记会稽的苦难了吗？"勾践说："我想听

从你的建议，但我不忍心就这样回复他的使者。"范蠡就鸣鼓进军，说："君王已经把政务委托给我了，吴国使者赶快离去，否则将要对不起你了。"吴国使者伤心地哭着走了。勾践怜悯吴王，就派人对他说："我安置您到甬东，统治一百家。"吴王推辞说："我已经老了，不能侍奉您了。"说完便自杀身亡，自尽时还遮住自己的面孔说："我没脸面见到子胥！"越王安葬了吴王后，杀死了太宰伯嚭。

二十年的卧薪尝胆既造就了勾践，也彻底磨灭了他的人性。他几乎成了一个冷血的君王，精明的范蠡携西施适时地离开了他，而文种执迷不悟，不到一年，即被勾践赐死！

＜智慧点津＞

尝粪问疾，卧薪尝胆二十年，勾践忍常人所不能忍之辱，受常人所不能受之苦，创下了人类君王史的奇迹。他苦心励志，发愤强国，创下了以小打大、以弱胜强、以卵击石的人间神话！卧薪尝胆的典故被称为中国几千年文明史中经典中的经典，勾践的超人意志或许更具有人类学意义！

卧薪尝胆

范蠡和文种

——功成身退和激流勇进的两种人生

助越灭吴

越王勾践卧薪尝胆，经过几年努力，越国的实力雄厚起来。看到越国日益强盛，勾践心中十分欣慰，他经常和左辅右弼范蠡、文种两位大臣商议如何讨伐吴国的事。

而此时的吴王夫差，因为当上了霸主，变得骄傲起来，生活也贪图享乐，加上勾践经常派人向吴国进贡表达忠诚，心中更是飘飘然。而老臣伍子胥经常告诫他说："大王当年就不该轻率地放勾践回国，听说勾践卧薪尝胆，正在养精蓄锐，我们不可掉以轻心。"夫差哪里肯听。

又过了两年，吴国战败了齐国，夫差更加得意扬扬。各级官吏都来道贺，只有伍子胥却说："打败齐国那算什么，越国才是大祸根，只有灭了越国，才能根除后患。"夫差对伍子胥的不捧

场感到十分不快。

听说夫差贪图安逸，喜爱声色犬马，文种就劝勾践向吴王进献美女。勾践派人在越国苎（zhù）萝山下寻得浣纱美女西施，令范蠡把她献给了吴王夫差。夫差见西施如嫦娥下凡，对其迷恋宠爱有加，从此荒疏了国事。

有一回，越国派文种去向吴王借一万石粮，说好过了年归还。夫差看在西施的面上，当然答应了。

转过年来，越国粮食丰收，文种把一万石粮亲自送还吴国。

夫差见越国十分守信，更加高兴。他把越国的粮食拿来一看，粒粒饱满，就对伯嚭说："越国的粮食颗粒比我们的大，就把这一万石卖给老百姓做种子吧。"

伯嚭把这些粮食分给吴国的农民，命令大家去种。到了春天，种子撒下去了，等了十几天还没有抽芽。大家心想，好种子也许出得慢一点，就耐心地等着。没过几天，那些撒下去的种子全烂了，他们想再撒自己的种子，已经误了下种的时节。

于是这一年吴国闹了大饥荒，吴国的百姓全恨夫差。他们哪里想到，这是文种的计策，那还给吴国的一万石粮，原来是经过蒸熟又晒干的粮食，怎么还能抽芽呢？

勾践听说吴国闹了饥荒，就想趁机发兵。

文种说："还早着呢。一来，吴国刚闹饥荒，国内并不空虚；二来，还有个伍子胥在，不好办。"

勾践听了，觉得文种的话有道理，就继续操练兵马，扩大

军队。

公元前484年，吴王夫差要去打齐国。伍子胥急忙去见夫差，说："我听说勾践卧薪尝胆，跟百姓同甘共苦，看样子是想要报吴国的仇。不除掉他总是个后患，希望大王先去灭了越国。"

吴王夫差哪里肯听伍子胥的话，照样带兵攻打齐国，结果打了胜仗回来。文武百官全都道贺，只有伍子胥反倒批评说："打败齐国，只是占点小便宜。对于吴国来说，越国才是大祸患。"

这样一来，夫差越来越讨厌伍子胥，再加上伯嚭在背后尽说伍子胥坏话，夫差就给伍子胥送去一口宝剑，逼他自杀。伍子胥临死的时候，气愤地对使者说："我死后，把我的眼睛挖出来，挂在吴国都城东门上，让我看看勾践是怎样打进来的。"

夫差逼死了伍子胥，任命伯嚭做了太宰。

公元前482年，吴王夫差约会鲁哀公、晋定公等在黄池（现在的河南省封丘县西南）会盟，把吴国的精兵都带走了，只留了一些老弱残兵守城。

等夫差从黄池得意扬扬地回来，越王勾践已经率领大军攻进了吴国国都姑苏。吴国士兵远道而来，已经够累了，加上越军都是经过多年训练的，士气旺盛，两下一交手，吴军被打得大败。

夫差没奈何，只好派伯嚭去向勾践求和。勾践和范蠡一商量，决定暂时答应讲和，退兵回去。

吴王夫差青铜矛

吴王夫差青铜矛为青铜铸造，其状如矛，长29.5厘米，两面脊部均有凹槽，凹槽基部有铺首装饰，铺首有孔可系绦，銎部中空，器身遍饰精美的几何形花纹，上篆八个错金铭文：吴王夫差自作用矛。这件兵器冶铸精良，花纹优雅，保存之完好可与越王勾践剑相媲美。1983年，吴王夫差青铜矛于湖北江陵马山出土，现藏于湖北省博物馆。

公元前475年，越王勾践做好了充分准备，大规模地进攻吴国，吴国接连打了败仗。越军把吴都包围了两年，夫差被逼得走投无路，说："我没有面目见伍子胥了。"说完就用衣服遮住自己的脸，自杀了。

越王勾践灭了吴国，坐在夫差原来坐的朝堂里。范蠡、文种和别的官员都来朝见他。吴国的太宰伯嚭也站在那里等着受封，他认为自己帮了勾践不少忙呢。

勾践对伯嚭说："你是吴国的大臣，我不敢收你做臣子，你还是去陪伴你的国君吧。"

伯嚭垂头丧气地退了出去。勾践派人追上去，把他杀了。勾践灭了吴国后，又带着大军渡过淮河，在徐州约会中原诸侯。周天子也派使臣送祭肉给勾践。打这儿以后，越国的兵马横行在江淮一带，诸侯都承认它是霸主。

范蠡和文种

越王勾践剑

越王勾践剑，春秋晚期越国青铜器，国家一级文物，1965年冬天出土于湖北荆州市江陵县望山楚墓群中。因剑身上被镀了一层含铬的金属而千年不锈。经科学检测，其主要合金成分为铜、锡、铅、铁、硫等。花纹处含硫高，硫化铜可防锈。剑通长55.7厘米，宽4.6厘米，柄长8.4厘米，重875克，极其锋利，刻有"越王鸠浅自作用剑"八个字。

鸟尽弓藏

越王勾践在范蠡和文种的辅佐下，苦身劳力二十年，深谋远虑，终于灭掉吴国，而且兵临中原，号令诸侯，成为霸主。灭吴之后，越国君臣设宴庆功，群臣皆乐，唯独越王勾践面无喜色。机警聪慧的范蠡见微知著，立即识破了越王的心思：越王为雪会稽之耻，灭掉吴国，不惜卑身事下，与臣下同甘共苦，共克时艰。如今大功告成，越王能实践先前的诺言吗？我与文种功勋卓著，位高权重，越王对我二人能放得下心吗？范蠡经过深思熟虑，认为盛名之下难以久居，且勾践的为人，可与同患难，难与共安乐。于是他毅然向勾践告辞，请求退隐。勾践得知范蠡要辞退，就召见范蠡，对他说："先生若愿留在寡人身边，寡人愿与你共分越国。若不遵，寡人将身死名裂，妻子为戮！"范蠡当然

知道越王的所谓"共分越国"纯属虚语，而"身死名裂，妻子为戮"，也是不作数的。于是他回答："君行其法，我行其意。"事后，范蠡不辞而别，抛弃家业，带领家眷，驾一叶扁舟，出三江而入五湖。后来范蠡定居于陶，成为巨富。范蠡临走时，曾投书同僚文种，劝说道："狡兔死，走狗烹；飞鸟尽，良弓藏。越王为人，长颈鸟喙，可与共患难，不可与共荣乐，先生何不速速出走？"

范蠡走前留给文种的这封信，其大意是说：兔子打完了，就轮到把猎狗烧来吃了；飞鸟打光了，好的弓箭该收藏起来。越王这个人，可以跟他共患难，不可以共安乐，您还是赶快走吧。

文种原先对于范蠡的辞职并不理解，认为越王不可能如此绝情，当他看了这封书信后才如梦初醒，从此他便假托有病，不复上朝理政。果然，越王的猜忌之心日益暴露，心里不再容得下这位胸藏韬略的谋臣，便派人赐予文种一把剑，说道："先生教我伐吴七术，我仅用其三而灭亡吴国，其余四术还藏于先生胸中，请先生追随先王，试行余法吧！"文种见所赐之剑，正是当年吴王赐予伍子胥自杀的那把属镂剑。文种长叹一声，怀着无比悲愤的心情引剑自刎而死。

范蠡和文种

<智慧点津>

　　历史上聪明绝顶的人数不胜数，这些人利用自己的聪明才智或建功立业，或发家致富，或流芳千古，但他们只能在属于他们的舞台上发挥光芒，而且是暂时的。真正能急流勇退、功成身退的只是少数人。范蠡和文种的故事正好反映出两种态度，两种人生，两种命运。它告诉我们，既要积极进取，实现自我人生价值，也要懂取舍，知进退，保全自己。

孔子的故事

——不受各国待见的大教育家

孔子（公元前551—公元前479），子姓，孔氏，名丘，字仲尼，祖籍宋国栗邑（现在的河南省商丘市夏邑县），生于春秋时期鲁国陬（zōu）邑（现在的山东省曲阜市）。中国著名的思想家、教育家，与弟子周游列国十四年，晚年修订"六经"，即《诗》《书》《礼》《乐》《易》《春秋》。孔子去世后，其弟子及其再传弟子把孔子及其弟子的言行语录和思想记录下来，整理编成儒家经典《论语》。孔子在古代被尊奉为"天纵之圣""天之木铎"，是当时社会上的最博学者之一，被后世统治者尊为孔圣人、至圣、至圣先师、大成至圣文宣王先师、万世师表。孔子的儒家思想对中国和世界都有深远的影响，因此他被列为"世界十大文化名人"之首。

141

初事鲁国

鲁定公九年，五十一岁的孔子仕鲁，初为中都（现在的山东省汶上县）宰，一年以后又做司空，后担任大司寇。鲁定公十年，鲁定公与齐景公会于夹谷，孔子"文功武备"，取得外交上的胜利，使齐国归还侵占鲁国的汶阳等地。鲁定公十三年，为重新确立鲁国公室的权威，孔子策划实施了"堕三都"的政治军事行动，希望能够削减三桓的实力。于是先堕叔孙氏之郈（hòu），再堕季孙氏之费，然而围攻成的攻势最终功败垂成。鲁定公十四年，孔子摄行相事，并以"五恶"之罪名，以言论定罪，诛杀少正卯。

孔子治理下的鲁国颇有起色，引起齐人的警惧。齐大夫黎锄设计向鲁国赠送女乐文马，造成鲁定公不问朝政。这使得孔子与鲁公、季桓子等在道德与政见上的分歧难以弥合，孔子最终离开鲁国去了卫国。

周游列国

孔子离开鲁国的时候已经五十五岁了（公元前497年，周敬王二十三年，鲁定公十三年），他不能往东走，因为东边正是齐国，刚用美人计把孔子轰走。他往西到卫国去，因为卫国的大夫蘧（qú）伯玉是孔子的好朋友，而且卫国的宠臣弥子瑕和子路是联襟。孔子到了卫国，住在弥子瑕家里。卫灵公（卫献公的孙

子）给他的俸禄跟鲁国给他的一样。可是有人在卫灵公面前说，孔子不是卫国人，带着这许多门生到这儿来，是替鲁国做事的。卫灵公就派了一个心腹跟着孔子进进出出，监视着他的行动。

孔子在卫国不能够发挥自己的才能，打算上陈国去。他也不跟人家告辞，就带着门生走了。他们路过一个叫匡的地方，那边的人把他当作阳虎，把孔子和他的门生包围起来。因为阳虎早先压迫过匡人，匡人都恨他。而孔子的相貌有点像阳虎，匡人就趁着他不得意的时候打算报仇。子路想要跟匡人打一打。孔子拦住他，说："我和匡人没冤没仇，他们为什么把我围起来呢？这一定是个误会。"他坐下来弹琴，让人家知道他是个心平气和的文人，不是阳虎。恰好卫灵公派人来请孔子回去，匡人才知道是他们自己弄错了，直向孔子赔不是。孔子白白地受了五天罪。

知识链接

阳 虎

阳虎，姬姓，阳氏，名虎，一名货。春秋后期鲁国人，季孙氏家臣。他以季孙家臣之身，毫无雄厚家底与政治背景，却能够跻身鲁国卿大夫行列，从而指挥三桓，执政鲁国，开鲁国"陪臣执国政"的先河。他是不折不扣的治国之奇才、丧国之诡才，春秋历史上的大反派。由于阳虎貌似孔子，差点让孔子丢了性命。

孔子又回到卫国。这回给卫灵公的夫人南子知道了。她想利用孔子，屡次打发人去请他。孔子推辞不了，只好去拜见南子。子路在外头噘着嘴、气哼哼地等着。一见孔子出来，就挺生气地怪孔子不应当跟这种女人见面。他还疑心老师也许改变了主意，急得老人家冲着天直起誓，说："我要是有不合情理的地方，老天爷罚我，老天爷罚我！"

自从孔子见了南子之后，卫灵公就待孔子特别好。卫灵公出去的时候，叫南子一块儿坐在车里，还叫孔子陪着。卫灵公带着美女和孔子得意扬扬地在街上路过，觉得挺体面。可是卫国的老百姓见了，一个个都觉得恶心得要吐。

于是孔子离开卫国，上曹国去。曹国也不能安身，他就跑到宋国去。到了宋国地界，孔子在一棵大树底下和几个门生研究学问。宋国有个挺得宠的臣下，怕国君重用孔子，对他不利，就想办法要把孔子轰出去。宋国人倒挺能够顾全面子，先给了孔子一个警告：他们把那棵大树砍倒了。孔子没办法，只好离开宋国，上郑国去。

孔子到了那边，跟他的一些门生失散了，自己垂头丧气地在东门口站着。他的门生子贡沿路寻找老师。有人告诉他说："东门口站着一个老头儿。他的脖子像皋陶，肩膀像子产，腰以下比大禹短三寸，丧气得好像一只无家可归的野狗，不知道是不是你老师。"子贡到了东门口一瞧，果然是老师。他就把刚才那个郑

国人所说的话，一五一十地告诉了孔子。孔子听了反倒笑着说："皋陶、子产、大禹我都不像。要说是一只无家可归的野狗，这倒挺像，挺对！"

后来孔子到了陈国，就在一位同情他的大官家里住了三年。这时候，晋国和楚国争夺陈国，紧接着吴国又来攻打。孔子就打算还是回到卫国去。他们到了蒲城（现在的河南省长垣县）以后，可巧蒲城打起仗来了。兵荒马乱中，门生们把孔子夹在当中，孔子进退两难。幸亏蒲城有个勇士叫公良孺，他也是孔子的门生，带着五辆车马来保护老师。可是蒲城的贵族提出一个条件，他们说："我们跟卫国有怨仇，您答应我们不上卫国去，我们就让您出去。"孔子答应了。他们还怕他说了不算，非要孔子起誓立约不可。孔子就跟他们冲着天起了誓。公良孺这才保护着孔子和他的门生们逃出来了。孔子一逃出蒲城，马上就上路往卫国去。子贡问孔子："老师不是刚立了约不上卫国去吗，您怎么不遵守盟约呢？"孔子说："强迫着立的约不算数。这种约就是不遵守，老天爷也不管。"

孔子到了卫国，住在蘧伯玉家里。卫灵公正在发狠心想把卫国弄得强大点儿，一听说孔子回来了，挺高兴地欢迎他。他抱着一肚子的希望向孔子讨教操练兵马和打仗的计策。孔子对他说："我就只懂得关于礼节和道德的那些事，没学过打仗。"卫灵公一听这话，心里就凉了。孔子又离开卫国。接着卫灵公的儿子，太子蒯聩（kuǎi kuì）因为反对他母亲南子，被卫灵公轰了出

去。卫灵公一死，蒯聩的儿子当了国君，就是卫出公。他不让他父亲回国。蒯聩借了晋国的兵马来夺君位。孔子听到儿子跟父亲争地盘，非常讨厌。他越走越往南去了。他到了陈国，又想到蔡国去。

楚昭王听说孔子在陈国和蔡国一带待着，就打发大夫去请他。这时候，陈国和蔡国正恨着楚国，一见楚国派人来请孔子，就把孔子当作敌人。两国的大夫发兵把孔子围住。好在孔子的门生当中有好些人是能打仗的，他们少数人抵抗着多数人，保护着孔子。孔子给人家围在里头，三天没吃的。他就饿着肚子弹弹琴，解解闷气。有时候还给门生讲书。可是有几个人已经饿得病倒了。子路发了脾气，他问孔子："君子也有倒霉的时候吗？"孔子说："君子、小人都会碰到困难，可是君子碰到困难不变节，小人碰到困难就乱来了。"

孔子一面和学生们谈论，一面派子贡到楚国去接头。到了第四天，楚国的兵马到了，总算把孔子他们接到楚国去。楚昭王打算封给他一块土地。楚国的令尹子西反对这件事。他说："大王千万可别小瞧了孔丘。他不像个当臣下的人。跟着他的那班人里头有文的、有武的，都是头等人才。要是他们有了地盘，慢慢地往大里发展，到那时候，大王想管他可就管不住了！"楚昭王一听，对待孔子的那一片热心就凉下去了。

孔子知道楚国也不用他，决定还是回到卫国或者鲁国去。孔子在回卫国的路上，瞧见两个人正在耕地。他叫子路去问他们

渡口在哪儿。子路问路的时候，他们反问子路说："坐在车上的是谁？你是谁？"子路告诉了他们。他们说："现在的世道到处乱哄哄的，哪儿不都是一样？与其跑来跑去，找这个，投那个，还不如像我们这样不去管它的好。"他们说了这话，就不再理子路，继续耕地。子路回来把他们的话告诉孔子。孔子想了想，说："正因为到处乱哄哄的，我才跑来跑去呀！要是天下太平了，我何必到处跑呢？"孔子回到卫国时，已经六十三岁了。卫出公请他做大夫，他推辞了。

知识链接

《春秋》

《春秋》，又称《麟经》（《麟史》），是鲁国的编年史，经过孔子的修订。书中记载了从鲁隐公元年（公元前722年）到鲁哀公十四年（公元前481年）的历史，是中国现存最早的一部编年体史书。《春秋》是古代中国的儒家典籍，被列为"五经"之一。书中用于记事的语言极为简练，然而几乎每个句子都暗含褒贬之意，被后人称为"春秋笔法"。

落叶归根

鲁国的相国季孙肥（季孙斯的儿子，也叫季康子）派人来请孔子和冉有回去。孔子就回到本国，不打算再上各处去奔波了。

孔子的门生当中，子路、子羔留在卫国做官，子贡、冉有在鲁国做官。打这时起，孔子就一心一意地把精力搁在编书上头。他编了好几本书，其中最主要的一本叫《春秋》，批判地记载着从鲁隐公元年到鲁哀公十四年，即公元前722年至公元前481年的大事。这一段时期在中国历史上就叫"春秋时期"。

<智慧点津>

孔子是中国历史上最伟大的教育家，同时还是一位才华得不到施展的政治家。他宣传"仁""克己复礼"的思想，在春秋战国那个纷乱的年代根本就没有实施的机会，最终他只能选择教书育人，为中国古代教育做出杰出的贡献。虽然他做不成政治家，但是他的思想在后世流传了数千年，他的思想成了中国古代政治家们的教科书，孔子其人也成了政治家们的老师。

孔子的故事

墨子和鲁班

——发小间的斗智斗勇

墨子，名翟（dí），是墨家学派的创始人。他反对铺张浪费，主张节约。他要求门徒穿短衣草鞋，参加劳动，视吃苦为高尚的事。如果不刻苦，就算违背他的主张。墨子还反对那种为了争城夺地而使百姓遭难的混战，他提出了兼爱、非攻、尚贤、尚同、天志、明鬼、非命、非乐、节葬、节用、交相利等观点，并创立墨家学说，有《墨子》一书传世。

知识链接

《墨子》

《墨子》是阐述墨家思想的著作，原有七十一篇，现存五十三篇，一般认为是墨子的弟子及其后学记录、整理、编

纂而成。《墨子》分为两大部分：一部分是记载墨子的言行，阐述墨子的思想，主要反映了前期墨家的思想；另一部分包括《经上》《经下》《经说上》《经说下》《大取》《小取》六篇，一般被称作"墨辩"或者"墨经"，着重阐述墨家的认识论和逻辑思想。

从小建立的友谊

墨翟是宋国一个农家的孩子，从小聪颖好学，样样精通，被人们称为神童。

墨翟八岁那年，村子里来了一位有名的鲁国工匠，这名工匠姓公输，他带着一个九岁的儿子，叫公输般。

公输般成了墨翟的玩伴，两人每天形影不离，饭同食，寝同榻。公输般教墨翟制造有趣的机械，而墨翟则给公输般讲有趣的故事。

三年之后，公输般随父亲离开村子，去他处谋生。两个小孩哭着不肯分别，公输般送给墨翟一只小木鸟，墨翟送给公输般一把小木剑。墨翟追着公输般送出了十几里路，两人才告别。

二十年过去，墨翟成了很有名望的贤人，他居无定所，四处漂泊，追随他的人成百上千，世人称他们为"墨家"，称墨翟为"墨子"。

有一天，墨子来到了楚国，看到楚国正在新建王宫，墨子便带着几名弟子来到工地，问工匠们："建造王宫是谁在负

墨子和鲁班

151

责？"工匠们说："是鲁国的公输大人。"墨翟露出了笑容，问道："他在何处？"工匠回答："公输大人的夫人临盆，他回府去了。"

"哦。"墨子回道。墨子回到客栈，犹豫了很久，还是决定离开楚国。他一路上又去了卫国、齐国，最后到了鲁国，墨家的名声更大了。

演双簧楚王罢战

没过几年，楚国准备攻打宋国，要公输般制造攻城器械。墨翟听到这个消息后，就从鲁国动身，走了十天十夜赶到楚国郢都，去见公输般，希望能够阻止这场战争。

公输般见到墨翟大喜过望，连忙说道："我正愁怎么找你呢，我劝了大王多次，但他执意要打宋国，这我是万万不愿地。但是大王的命令难违，你快来想想办法。"

墨子说："北方有一个人欺侮我，我希望借你的力量杀死他。"公输般不知是计，听了很不高兴，也没有任何表示。墨子接着说："我可以给你很多钱，作为你杀人的报酬。"公输般回答："我讲道义，不会因为报酬去杀人。"墨子说："楚国是大国，人口不多而土地辽阔，可是它准备攻打弱小的宋国，这是非正义战争，你口头上说不杀人，可是一旦发生战争，有多少无辜的平民会因为你的新式武器而死去，这跟你亲手杀人有什么区别？"

公输般被问得哑口无言，于是和墨子一起去见楚王。在楚王面前，墨子和公输般上演了同样一出好戏。

见到楚王，墨子并没有先说打仗的事，而是对楚王说："我想请教大王一个问题。"楚王问他是什么问题。墨子说："现在有人放着自己漂亮的车子不要，却想偷邻居的破车；舍弃自己漂亮华贵的衣服不要，却想偷邻居的旧衣服，这是怎样一种人啊？"楚王不知是计，马上说："这人有偷窃的毛病。"墨子抓住时机，马上说："楚国有广阔的土地，而宋国只是一个小小的国家，这就如同一辆漂亮的车与一辆破车的对比；楚国物产丰富，而宋国物产贫乏，这就如同漂亮衣服和旧衣服的对比。所以我认为楚国攻打宋国，跟那个犯了偷窃病的人正是一类人。"

楚王一下子不知如何回答才好，蛮横地说："你说得好，但是公输般已经为我造好了云梯，我是一定要攻打宋国的。"墨子不慌不忙地说："云梯并没有想象的那样厉害，不信我可以与公输般模拟作战。"于是楚王为他们准备了道具，包括城墙、守城的器械、云梯及其他攻城的兵器。公输般模拟攻打宋国的城墙，结果任由他多次改变攻城的战术，都被墨子抵挡住了。公输般攻城的器械用完了，而墨子守城的方法还有很多。

墨子和鲁班

云 梯

云梯在古代属于战争器械，是用于攻城时攀爬城墙的用具。古代的云梯，有些是下面带有轮子的，可以推动行驶，故也被称为"云梯车"，并配备有防盾、绞车、抓钩等器具；有些则带有用滑轮组成的升降设备。

云梯的发明者一般被认为是春秋时期鲁国的能工巧匠公输般（亦称鲁班）。那时，楚惠王为了达到称雄的目的，命令公输般制造了历史上第一架云梯。现代云梯是攀缘登高工具的一种，主要用于消防和抢险等。

公输般为了将这场戏演得逼真，于是对墨子说："我知道怎么来对付你，我不说。"墨子也说："我也知道如何对付你，我也不说。"楚王问墨子其中的原因，墨子说："公输般的意图不过是杀了我。他以为杀了我，宋国就没有人来防守楚国的攻打了。可是，我已经把我的方法教给了我的徒弟，即使杀了我也不能攻入宋国的城门。"楚王见成败已定，迫不得已地说："我决定不攻打宋国了。"

就这样，墨子凭自己的机智和勇敢消除了宋国的一场灾难。世人只知道是墨子的功劳，却不知道公输般也有贡献。

评木鸟墨子说理

见完楚王，公输般请墨子到府上做客。

一别二十多年，两人有说不完的话。墨子拿出当年公输般送给他的木鸟，公输般很高兴，便带着墨子去看他新研制的木鸟。这只木鸟，只要机关一打开就可以在天上飞三天三夜不下来，相当于现代的飞机。公输般曾经乘着这只木鸟观察过敌人城池里的情况。墨子却说："你这个木鸟还比不上一个普通工匠随便制作的一个车辖呢。一个车辖装在车轴上，车子就可以运送五十石的东西，你这个木鸟除了会飞还有什么其他作用吗？"墨子还说："木匠们制作的东西，对老百姓有用的就叫作精巧，老百姓用不上的就叫作笨拙。"公输般听完墨子的话，领悟到了墨子的哲理，于是他开始一心为老百姓搞发明，创造了很多实用的各类工具，逐渐成为被世人称颂的"木工之父"。

两人吃过晚饭，又在屋中畅谈起来。公输般看墨子尚未成家，便关切地问道："贤弟怎么还未成家？难道是没有相中的人？"

墨子看了一眼公输般，含糊地答道："不是的，我提倡兼爱、尚同。"

公输般又问："噢，这我倒是听说过。贤弟的思想是令人敬佩的，你怎么去实现它们呢？"

墨子又看了一眼公输般，双颊微微泛红，说道："非攻！"

墨子和鲁班

155

　　"兼爱"是墨家学派的核心思想，墨子所有的理论都是以"兼爱"为基础和依据的，也是以实现整个社会的"兼爱"为最终目标的。儒家批判"兼爱"是"无君无父"，现代的某些学者也反对"兼爱"，认为太过于理想，不可能实现。

　　其实，反对的人是错误地理解了"兼爱"，他们只是单纯地从表面上去理解。

　　其实"兼爱"就是包容一切的爱、一视同仁的爱。由此可引出深一层的含义——人人平等的博爱思想！"兼爱"号召的正是社会中个体的平等，维护的是个人的权利，无论男女老幼、大小强弱、贫富贵贱，每一个人在人格和尊严上都是平等的，都要无区别地、一视同仁地对待。所以，墨子才会说"视人之国若视其国，视人之家若视其家，视人之身若视其身"。

　　墨子是中国历史上甚至是人类历史上第一位倡导人人生而平等、维护社会公平与正义的伟大思想家。